성장하는
오십은
늙지 않는다

인생 후반전을 주체적으로 살기 위한 to do list

정미숙 지음

성장하는
오십은
늙지 않는다

Let Me Be Myself

유노
북스

오십에도
성장한다는 것

얼마 전 친구 미연이가 찾아왔다. 스스로가 한없이 불쌍하고 이대로 세상에서 사라져 버렸으면 좋겠다는 생각이 들어, 몇 번이고 자살을 생각해 보기도 했단다. 손수건으로 눈물을 찍어 내는 미연이를 보면서, 나도 가슴이 답답해지며 눈물이 솟았다.

폐경을 맞으면 여자로서의 삶이 끝났다고 생각하는 사람이 대부분이다. 3년 전 나도 미연이와 아주 비슷한 상황이었다. 반전의 기회를 잡아야 하는데, 계속 의식되는 나이 때문에 용기가 나지 않았다.

"이대로 주저앉긴 너무 억울해, 미숙아!"

눈물을 글썽이는 미연이의 한숨 소리를 듣고 있노라니, 불현듯 재기할 수 있도록 용기를 불어넣고 싶은 강한 충동을 느꼈다.

나이는 숫자에 불과하다. 2년 전 작가가 되겠다고 다짐했을 때 가장 강하게 반대한 이들은 다름 아닌 남편과 지인들이었다. "하던 일이나 하지 이 나이에 갑자기 뭘 하냐"며 그냥 살던 대로 살라고 했다.

평생 이대로 살 순 없었다. 삶의 의미도 모른 채 먹고살기 위해 매일 반복하는 일과 삶은 공허하기만 했다. 어릴 적부터 꿈꾼 '작가'에 도전해, 남은 인생은 내가 하고 싶은 걸 하며 살고 싶었다.

2년 전 내게 던진 질문을 미연이에게도 던졌다.

"폐경을, 더 강하고 자유롭고 매력적인 여성으로 만들어 주는 거라고 생각해 볼 수도 있지 않을까?"

나는 미연이 옆으로 다가앉으며 입을 열었다.

"인생은 어떤 각도에서 보느냐에 따라 의미가 완전히 달라져."

나는 2년 전의 나를 격려하듯 미연이를 격려해 줬다.

꼭 성공해서 다시 만나자고 하는 미연이의 눈에서 스무 살에 빛나던 열정을 보았다. 그랬던 미연이는 지금, 꿈을 향해 도전 중이다. 나이 오십에도 성장하고 있다.

오십은, 봄여름을 지나 이제 겨우 가을의 문턱에 들어섰을 때다. 가을의 문턱에서 무르익어 열매를 충분히 맺어야 할 때다. 앞으로 길고 긴 겨울을 대비해야 하는 때다.

이 책을 통해 나이 때문에 자신감을 잃어 가고 자존심이 상한 50대 여성들에게 용기를 전하고 싶다. 새로운 세계에 도전해 성장하고 성공할 수 있다고 말이다.

더 멋진 오십을 기대하며

얼마 전 75세 나이로 제93회 아카데미 시상식에서 윤여정 배우가 여우조연상을 수상했다는 소식을 들었다. '노년 파워'가 생생히 전해졌다. 그녀는 '윤여정 어록'으로도 유명한데, 2013년 tvN에서 방영된 〈꽃보다 누나〉에서 이미연 배우가 윤여정 배우에게 질문했다.

"선생님, 막상 작품을 들어갔는데 마음에 안 들면 어떻게 하세요?"

윤여정 배우는 시원시원하게 답했다.

"똥 밟았다 생각해. 그럼 어떻게 해. 빼라고 해? 그냥 해야지. 근데 다 잃는 것 같아도 사람은 또 얻어. 어떤 경험이라도 얻는 게 있어."

"아쉽지 않고 아프지 않은 인생이 어딨어. 내 인생만 아쉬운 것 같고 내 인생만 아픈 것 같고. 그런데, 다 아파. 다 아프고 다 아쉬워. 내려놓는 거지. 난 웃고 살기로 했으니까."

이 시대가 원하는 오십은, 윤여정 배우처럼 열정을 다해 성장하는 오십이다. 노년 파워에 힘입어 중년 파워를 보여 줄 때다.

사람은 나이에 상관없이 빨주노초파남보 일곱 가지 무지개색을 가지고 있다. 오십엔 그동안 살아온 삶의 경험으로 여러 가지 색을 합쳐 더 예쁘고 다양한 색을 만들어 낼 수 있다.

50대 중년을 맞이한 우리도 과거엔 신세대의 상징인 X세대의 일원이자 주축이었다. 나를 아끼며 주체적으로 살고자 했었다. 지금이라고 다르지 않다. 인생 후반엔 나답게, 자신 있게, 당당하게 살겠다.

오십부턴 오늘의 나를 즐기고 사랑할 줄 알며 지금에 안주하지 않는 특별한 삶을 살아야 한다. 나는 아직도 하고 싶은 게 너무 많고 가고 싶은 곳 또한 매우 많다. 남은 반평생 행복하게 살아가는 데 필요한 조건들을 우리는 모두 갖추고 있다.

인생 1라운드에 충분히 잘 달려온 스스로를 다독여 주고, 인생 2라운드부터 새로운 마음가짐으로 더 멋진 인생을 살아가길 바라는 마음으로 이 책을 집필했다.

더 멋진 인생을 기대하며!

정미숙

2장

오십부터는
나밖에 없는 것처럼

3장

오십부터는
멋지게 나이 들고 싶다

4장

오십부터는
건강하기로 했다

5장

오십부터는
가치관을 바꿔라

나오며

1장

오십부터는 나를 돌봐야 한다

Let Me Be Myself

몸을 돌보듯
마음도 돌봐야 한다

마흔여섯, 이유 없는 짜증이 늘고 몸이 아프지 않은 날보다 아픈 날이 더 많아졌다. 안면 홍조와 비슷한 증상으로 얼굴이 뜨거워졌고, 심장 박동이 빨라지며 마음이 불안해졌다.

불안감과 우울감이 늘고 신경이 예민해지면서 신경질적으로 변하기 시작했다. 건망증이 심해지고 소화도 안 되고 머리도 아프고 화끈거리고 땀이 많이 났다. 하루 종일 가슴이 답답하고 몸이 무거웠다.

마흔둘의 나이에 생리가 끊겼다. 차라리 임신이었으면 하는 마음이 들었다. 생리가 나오지 않는 것만으로 인생이 끝난 것 같았다. 온

종일 초조하고 불안해 짜증이 나고 기분은 울적했다.

　모든 게 남편 때문인 것 같았다. 남편을 미워하기도 하고 참고 살아온 나를 원망하기도 했다.

　아랫배가 자주 아파 두 달에 한 번은 응급실을 가야 했다. 아랫배가 아파 오면 온몸에 식은땀이 흐르고 고통이 공격해 오는 것 같았다. 무섭고 억울하기만 했다. 열심히 일하며 가족만을 위해 살았는데, 왜 이런 고통을 주는지 신이 원망스러웠다.

　배가 아플 때마다 MRI와 CT를 찍었지만 원인을 알 수 없었다. 병원에서는 큰 병은 아닌 것 같다며 배가 아프면 통증이 심해지기 전에 처방해 준 진통제를 먹으라고 했다. 통증이 시작되는 초기에 진통제를 먹으면 괜찮았지만, 통증의 원인도 모른 채 몇 년을 보냈다.

　가슴이 답답하고 머리는 혼란스러웠다. 가장 힘든 건 무기력하고 공허한 삶이었다. 남편은 약을 사 주고 언니는 하수오를 보내 줬다. 친구들은 석류를 보내 왔다. 하지만 증상은 나아지지 않았다.

　친구들은 집에만 있으면 안 된다며 밥도 사 주고 커피숍에서 시간을 보내 줬다. 언니는 일만 해서 그렇게 된 거라며 여행하며 푹 쉬고 오면 괜찮아질 거라고 했다. 남편과 아이들도 여행을 권했다.

　언니와 함께 사진을 찍으며 넓은 바다를 보니 마음이 뻥 뚫리는 것 같았다. 하지만 돌아오는 버스 안에서, 집으로 간다는 생각만으로 가슴이 답답하고 얼굴에 열이 오르고 식은땀이 났다.

다른 집처럼 아이들이 말썽을 부리는 것도 아니고 15년 동안 장사하며 돈도 꽤 벌었지만, 마음은 늘 공허하기만 했다. 취미로 에어로빅을 다니며 대회에서 상을 받고 수채화를 배우며 공모전에 나가 상도 받았지만, 마음 한 구석이 늘 허전했다.

내 마음이 내 몸에게 이상 신호를 보내고 있었다. 나는 뭔가 잘못되었다는 걸 직감적으로 알 수 있었다.

갱년기를 앓다 보니 주위 사람들 대부분이 나와 비슷한 문제로 힘들어하고 있다는 걸 알게 되었다.

우리의 마음은 늘 우리에게 말을 건넨다. 몸이 불편하다거나 화가 난다거나 두려울 때도 말을 건넨다.

몸이 불편한 신호를 보내면, 약 상자에서 적당한 약을 찾거나 병원으로 간다. 하지만 마음이 아프면 어떻게 하는가?

몸이 아프면 돌보는 것처럼 마음도 아프면 돌봐야 한다.

우리는 아픈 몸을 방치하면 더 큰 고통이 온다는 걸 알고 있다. 마음도 마찬가지다. 방치하면 더 이상 손을 쓸 수 없게 될지 모른다.

나만의 길을
찾아가는 법

아무리 자기 자리에서 열심히 살아간다고 해도, 살다 보면 위기의 순간이 찾아온다. 내 인생 최대 위기는 갱년기였다.

사람들은 이 위기의 순간에서 어떻게 대처해야 할지 모른다. 미처 대비하지 못한 인생의 위기에, 상처받지 않고 자신을 지켜 나가기 위해선 지혜를 배워야 한다.

같은 일상을 반복하며 살아가면 나태해지게 마련이다. 어제보다 나아지기보다 하향하는 삶을 살게 된다. 그래서 일이 갑작스럽게 닥쳤을 땐 작은 일에도 흔들리는 것이다.

인생은 내게 일어나는 문제를 해결하는 과정이다. 그 과정으로 성숙해지고, 그 과정에 행복이 있는 것이다. 문제가 생길 때마다 회피한다면 점점 더 힘든 삶을 살게 될 뿐이다.

우리는 386세대다. 성실하게 일하는 걸 당연하게 생각하고 온전히 쉬는 걸 불편하게 느끼며 지금껏 열심히 달리기만 했다. 우리도 밀레니얼 세대처럼 일에만 몰두하기보다 자신만의 온전한 휴식 시간을 추구해야 한다. 삶의 적절한 균형을 추구해야 하는 것이다.

2018년 3월 〈내일연구소〉에서 전국 밀레니얼 세대 900명을 대상으로 실시한 조사에 따르면, '돈을 덜 벌더라도 시간적 여유가 있는 삶을 원한다'는 대답의 비율이 무려 64.4퍼센트에 달했다. 디지털 세대의 주역으로 부상하고 있는 밀레니얼 세대에겐 일과 삶의 균형을 추구하는 워라밸 라이프가 하나의 지향점이 되고 있는 것이다.

사회 전반적으로 워라밸을 존중하는 문화가 확산되고 있다지만, 자연스럽고 당연한 삶의 방식으로 자리 잡기까진 더 많은 시간이 필요할 테다.

다만, 워라밸이라는 단어가 밀레니얼 세대를 넘어 전 세대로 뻗어나가 '더 나은 삶'을 위해 지향하는 가치로 발전하고 있는 건 사실이다. 곧 우리 모두에게도 Work Life Balance라는 말이 너무나 자연스러운 날이 오지 않을까?

일과 삶의 건강한 공존!

청년기의 수확은 '성공'이고, 중년기의 수확은 '균형'이며, 노년기의 수확은 '지혜'라고 했다. 오십 이후에 맞는 삶은 젊은 시절의 성공 여부에 관계없이 균형을 잘 잡아야 '행복'이라는 커다란 선물을 받을 수 있다.

중년기에 인생의 균형을 유지할 수 있는 최선의 처방은, 타인을 돌보기보다 자신을 돌보고 사랑하는 것이다.

부질없는 걸 좇아 시간을 헛되이 보내기보다 아름다운 인생을 가기 위한 길을 지향해야 한다.

여태까지 남편을 잘 보조하고 최선을 다해 아이들을 키웠다. 이젠 나를 바로 세우고 남은 인생 후반을 위해 홀로서는 법을 배우고 익혀야 한다. 스스로 중심과 균형을 잡고 독립적인 한 사람으로 새롭게 거듭나야 한다. 많은 시간과 노력이 필요할 것이다.

오십까지 살아왔음에도 늘 안개 속에 있는 것 같다. 인생엔 예측하지 못한 변수들이 많이 존재한다.

오십 이후의 행복은 배우자와 함께 있을 때만 찾아오는 게 아니라 내 마음에 달려 있다. 지금은 슬프고 절망스럽고 외롭고 우울한 마음이 들어도, 인내심을 갖고 서서히 적응해 가면 더 높은 수준의 자아와 만날 수 있을 것이다.

타인의 삶과 비교하지 말고 자신만의 삶을 찾아가는 게 오십 이후의 인생길이다. 마음과 몸은 한 팀이다. 몸을 잘 돌보듯 마음도 잘 돌봐야 행복한 삶을 살 수 있다.

삶을 변화시키는
좋은 습관의 힘

생각을 원하는 방향으로 바꾸고
그 상태를 유지해 새로운 습관을 들여라.

윌리엄 제임스

삶에서 얻는 습관의 가장 큰 근원은 부모다. 여러 연구 결과에 따르면, 우리는 많은 습관을 최초의 롤 모델인 부모에게서 물려받는다. 자신도 모르는 사이에 부모에게서 좋은 것도 나쁜 것도 물려받는 것이다. 이런 현상을 '거울 신경'이라고 부른다.

아이들은 부모의 행동과 감정까지 답습한다. 그래서 나도 모르는 사이에 나쁜 습관이 아이들에게 강요되는 것이다.

살면서 습득하는 습관은 좋은 습관일 수도 있고 나쁜 습관일 수도 있다. 좋은 습관을 가졌다면 좋은 가정과 건강, 정신으로 행복 가득한 삶을 살아가고 있을 것이다.

반면, 나쁜 습관을 가졌다면 가족 간에 불화가 심할 것이다. 건강 악화, 불행이 가득한 삶을 살아가고 있을 테다. 나쁜 습관은 우울증, 인간관계 문제, 재정 문제까지 동반한다.

따라서 삶을 변화시키려면 좋은 습관을 익히고 나쁜 습관은 없애야 한다. 다음은 삶을 변화시키기 어려운 나쁜 습관들이다.

과도한 TV와 SNS

나쁜 습관이 많은 사람 중 80퍼센트는 매일 1시간 이상 TV를 보고 SNS를 한다. 과도한 TV와 SNS는 시간 낭비다. TV와 페이스북, 유튜브, 인스타그램 등은 시간을 낭비하고 무기력하게 만들어 뇌 회로가 달라지게끔 한다. 유대인들은 5분, 10분도 아깝다고 말한다. 그들은 그들의 성공 이유에 대해 "밝을 때 시작해 어두울 때 끝나는 것보다 어두울 때 시작해 밝을 때 끝나는 게 낫다"며 시간을 가장 중요하게 여긴다.

과음

과음은 술을 지나치게 마시는 것이다. 술은 적당히 마시면 건강에 도움을 주지만, 지나치게 마시면 신체 모든 부분에 나쁜 영향을 미친다. 알코올 탈수소 효소나 아세트알데하이드 탈수소 효소에 돌연변이가 존재하기 때문에, 과음을 하면 인체에 해를 주는 아세트알데하이드가 축적되어 건강을 악화시키므로 주의해야 한다.

음주는 뇌세포 속의 신경 수용체를 막아 오작동시키거나 작동을 아예 못하게 만든다. 기억은 물론 명확한 사고를 할 수 없게 한다. 또한 비만의 원인이 되기도 한다.

부정적인 태도

삶이 불행한 사람들 대부분은 부정적인 태도를 지니고 있다. 부정적인 생각을 선택하면, 더 부정적인 생각을 끌어들여서는 사로잡혀 괴롭다. 운이 나쁘다고 생각하면, 불운을 추구한다. 부정적인 생각들은 믿음이 되고 현재 상황에서 벗어날 가능성은 사라진다. 반면 긍정적인 생각을 선택하면, 부정적인 생각을 멈출 수 있고 긍정적인 결과를 불러온다.

무계획

행복한 삶은 과정이다. 인생은 그리는 대로 흘러간다. 장기적인 목표가 없으면, 택시가 목적지도 없이 무작정 가는 것과 같다. 하루하루 계획을 세우고 작은 성공을 맛보는 과정에서 행복을 느낄 수 있다.

물론 좋지 않은 습관들이 있다고 해도 괜찮다. 사람은 모두 좋은 습관을 가지고 있진 않다, 그럴 수도 없다. 나쁜 습관을 좋은 습관으로 바꾸려는 데 중점을 둔다면 누구나 행복한 인생을 살 수 있다.

변해야겠다고
꿈꾸는 순간부터

습관은 자라온 환경 즉, 가족 문화, 교육, 경험, 환경 등에서 반복되는 행동과 생각으로 만들어진다.

인간의 사고방식은 습관의 지배를 받는다. 마이너스 습관을 가진 사람은 마이너스 사고를 하고, 플러스 습관을 가진 사람은 플러스 사고를 하기 마련이다.

좋은 습관을 익히는 건 하루아침에 이뤄지지 않는다. 하지만 1년, 2년, 5년, 10년 식으로 꾸준히 누적되면 엄청난 차이를 만들어 낸다.

영어 공부를 하루도 빠짐없이 1년 동안 한 사람과 하지 않는 사람의 차이는 엄청나다. 한두 달은 차이가 없어 보이지만 1, 2년 동안 쌓이면 엄청난 차이가 날 게 분명하다.

인생이 지옥이라고들 말한다. 경제적으로나 시간적으로 많은 제약과 고통을 받기 때문이다. 하지만 시간을 잘만 활용해서 지금보다 훨씬 나은 습관을 만든다면, 인생은 충분히 나아질 수 있다.

세상에 우연이란 없다. 한 사람의 운명은 생각과 말과 행동 습관에 달려 있다. 당신의 몸이 보내는 신호를 받아들이고 나쁜 습관을 고친다면, 남은 인생 후반은 행복하게 살 수 있다.

우리가 부모에게 습관을 물려받았듯, 우리도 자녀에게 습관을 물려줄 것이다. DNA까지도 말이다. 좋은 습관이든 나쁜 습관이든 자녀에게 되물림되기 때문에, 반드시 좋은 습관이 필요하다.

100세 시대에 진입했지만 폐경 연령은 점점 빨라지고 있다. 삶의 한가운데서 남은 삶을 행복하게 살기 위해선, 반드시 좋은 습관을 익혀야 한다.

금전 문제나 실직, 건강 문제로 장기적인 스트레스를 받고 있다면 나쁜 습관이 많을 것이다. 반면, 재정적 독립을 이루고 좋은 친구를 두며 건강하고 행복한 삶을 살고 있다면 좋은 습관을 많이 가지고 있을 것이다.

독서를 하거나 새로운 지식을 배우고 익히는 건, 중년의 뇌에 자극을 주고 유전자를 활성화하게 한다. 남은 인생을 행복하게 살아가는 데 가장 필요한 조건은 단연코 좋은 습관이다.

갱년기는 단순한 증상 관리가 아닌 습관에 의한 만성 질환과 노화를 예방하는 출발점이다. 갱년기는 준비 없이 인생 1라운드를 달리기만 해 왔던 우리에게 내린 충전의 시기이다.

그간 열심히 달려온 스스로를 다독이며 남은 2라운드 인생을 위해, 뒤를 돌아보고 부족한 나를 채우며 다시 충전하고 행복한 삶을 맞이할 수 있도록 신이 내린 축복의 시간인 것이다.

변해야겠다고 꿈꾸는 순간부터 삶은 빠르게 변한다. 성공한 사람들은 지식을 얻거나 유지하고자 매일 30분 이상 독서를 한다.

나 또한 성공한 사람들의 전기를 읽으며 좋은 습관을 가지려 했고, 인생을 지혜롭게 살아가는 교훈을 배웠다. 낙관적이고 긍정적인 습관을 들인 사람들이 학업, 스포츠, 직업에서 더 성공하고 또 행복하다는 점을 보여 주는 결과가 많다.

습관을 만드는 과정은 몸에 근육을 만드는 일과 같다. 근육을 만드는 데 많은 시간과 노력이 걸리지만, 일단 근육을 만드는 게 중요하다. 이후부터는 유지가 중요할 테다.

습관도 마찬가지로, 일단 한 번 형성되면 힘든 일은 끝났다. 이후부턴 유지하는 게 중요한데, 어렵지 않다. 시간이 지나면, 새로운 습관들은 밥 먹고 양치하는 것만큼이나 자연스러운 일이 된다.

오십에는 고정관념을
깨는 것이 좋다

우리나라 속담에 '암탉이 울면 집안이 망한다'라는 말이 있다. 아내가 얼마나 능력 있든 간에 다소곳하게 살림만 하길 바라는 심리에서 기인한 것이다. 그러나 지금 이 시대는 아내의 사회적 활약과 경제적 능력으로 본의 아니게 가정에서 이런저런 혜택을 받으며 살아간다. 그런데도 남녀의 역할을 이분법적이거나 가부장적 사고로 일관하면 서로가 불행해진다.

우리 부모님 세대들의 결혼 생활을 보면, 가정의 평화를 위해 부부 중 한쪽이 상대의 규칙과 습관에 자신의 취향을 희생시키며 맞추고 사는 경우가 많았다. 건강한 부부 관계라고 하기 힘들다.

일방적인 부부 관계에선 대화나 협상의 기술이 필요 없다. 한쪽은 명령하고 한쪽은 수행만 하면 되니 대화나 협상, 갈등을 어떻게 처리할 건지 원칙이 없다. 그때그때 기분과 상황에 따라 대처하기에 더욱 많은 문제를 만들어 낸다.

모든 가정은 비밀을 지니고 있다. 비밀에서 자유로울 가정은 없다. 개개인의 잘못이 아니라 불우한 한국 역사와 관련 있다. 일제 강점기와 6·25 전쟁을 거치며 가난 속에서 사회 또한 혼란스러웠다. 이런 문화가 타인에게 말하지 못하는 가정의 비밀을 만들어 냈다.

부모님은 아직도 6·25 전쟁 때 겪었던 아픔을 얘기한다. 그런 환경에서 감정을 드러내기보다 감추며 살았기 때문이다. 모든 문제는 드러내지 않고 감추는 데 있다. 감추고 싶은 것들은 더욱 감추게 되어 병들어 간다. 문제를 드러내면 해결책을 찾을 수 있다.

가난과 험난한 역사의 뿌리를 가지고 있기 때문에, 인간관계에서나 가정에서 더 복잡한 문제들을 많이 만들어 내고 있다. 하여 과거에 받은 영향을 끊을 때 건강한 가정 문화를 만들어 갈 수 있다.

많은 이가 어린 시절의 감정이 정리되지 않은 상태에서 부부가 되고 부모가 된다. 미성숙한 어린아이의 내면으로 고단한 인생을 살고 있는 것이다. 어린아이가 어린아이를 키워 가는 모양새다.

부부가 되었다고 해서 일심동체를 강조하면, 인간의 기본적인 욕구 중 하나인 독립과 자율의 욕구를 억압당하게 된다. 때문에 아무리 친밀한 관계라 해도 홀로 있을 수 있는 적당한 거리를 확보하는 게 매우 중요하다. 우리가 맺는 모든 관계는, 의존과 독립 사이에서 적정한 균형을 유지해야 건강할 수 있다.

부부 관계는 여전히 가부장 구조를 유지하고 있다. 그 구조에 부부가 모두 적응하고 있는 편이며, 이때 여성이 남성보다 더 빠르고 적절하게 적응하려 한다. 오랫동안 이어진 방식 때문일 것이다.

부부 갈등은 주로 가치관의 혼재 현상에서 빚어진다. 근대적 평등주의 역할 개념과 전통적 권위주의 역할 개념의 혼재는, 배우자에 대한 기대를 서로 어긋나게 만들고 가족 구성원 간에 거리감을 유지하려는 권위 의식이 부부 관계의 친밀성을 제약하며 갈등 관계로 몰고 가는 주요 근원이 되고 있다.

우리나라 부부 관계의 안정성은, 부부 관계 자체의 만족보다 다른 조건들의 영향으로 생겨난 결과이다. 집단주의적이고 가족주의적인 우리나라의 문화 풍토와 관련해 안정성을 최고의 가치로 여기는 결혼관을 고수하고 있으며, 경제 자립 등 역할 대안의 불평등은 부부 관계의 해체 가능성을 극도로 축소시킨다. 상호 불만이 매우 높은 상태에서도 부부 관계를 유지하게 하는 것이다.

그리고 결혼 전 그토록 솔직하고 편안했던 관계가 결혼 후 불편해지는 건, 남편과 아내라는 역할이 덧씌워지기 때문이다. 여전히 시가 중심 가부장제에 기반한 한국의 결혼 제도 안에서, 아내와 남편의 관계는 평등하고 솔직해지기 힘들다.

갈등 원인을 파악하고 가능한 한 관련된 모든 사람의 참여와 대화를 격려해, 감춰진 문제를 표면으로 드러나게 해야 한다. 그리고 다른 의견이 제시될 땐 공격하지 않고 객관적으로 들어야 한다.

가능한 한 모든 해결책을 위한 이해와 통합을 추구해야 하는 것이다. 감정 수준에서의 대화를 허용하고 모두 동등한 권리를 가지고 있다는 걸 인정해야 한다.

나는 사랑받을 자격이 충분하다는 생각

누구나 자신에 대해 고민하고 신체에 대해 고민이 많아지는 시기가 있는 것 같다. 특히 청소년에서 어른이 되어 자기 인생을 책임져야 하는 사춘기와 결혼 후 열심히 남편 뒷바라지를 하고 정신없이 아이를 키우다가 느닷없이 맞이한 갱년기가 가장 힘든 시기인 것 같다.

엄마의 갱년기와 아이의 사춘기가 맞물려, "갱년기가 더 무서울까 사춘기가 더 무서울까"라는 유행어까지 생겼다. '사춘기보다 갱년기가 더 무서운 시기라는 말까지 나올 정도다.

아이들이 사춘기를 통해 한층 성장한다면, 어른들은 갱년기를 통해 그동안 소홀했던 나를 돌아봐야 한다.

누군가가 갱년기를 사춘기의 어린 소녀가 성숙한 중년으로 거울에 비친 모습이라고 표현했다.

사춘기를 겪으며, 신체는 어른으로 변하고 정신은 새롭게 정체성을 찾아 자아상을 만든다.

갱년기를 맞이한 우리는, 미지의 노년기를 위해 새로운 정체성을 찾고 새로운 자아상을 만들어야 한다.

신체적·정신적 변화로 인한 사춘기를 별 무리 없이 가볍게 지나가는 사람이 있는가 하면, 제대로 적응하지 못해 귀중한 젊은 시절을 방황하며 허비하는 길로 접어드는 사람도 있다.

갱년기도 마찬가지다. 증상 없이 순탄하게 보내는 사람도 있고, 심하게 앓느라 어둡고 긴 터널 속에 빠져드는 사람도 있다.

소중한 내 삶을 갱년기에 내줘 긴 터널에 갇힌 채 불행의 늪으로 들어가서는 안 된다. 내 주변엔 갱년기의 늪에 빠져 몇 년을 잃어버린 사람도 있고 우울증의 늪에 빠져 약을 먹으며 치료까지 받는 사람도 있다.

갱년기 우울증이 심한 사람들의 대부분은, 열심히 살았지만 가족들에게 인정받지 못했다. 최선을 다해 뒷바라지하고 금지옥엽 키운 자식들에게도 무시당하고 마음고생하며 사는 사람들이 많다.

갱년기를 슬기롭게 보내고 멋진 중년의 삶을 살기 위해선 지금 있는 그대로의 나를 사랑해야 한다. 열심히 살아온 내게 '내 주제에 당치도 않아' 또는 '나는 뭘 해도 안 돼'와 같은 부정적인 마음은 당장 없애 버려야 한다.

우리는 모두 삶을 즐기기 위해 태어났다. 마음을 활짝 열고 열심히 살아온 내게 '나는 좋은 것만 누릴 가치가 있는 사람이야, 나는 사랑받을 자격이 충분해'라고 다독여 주자.

어느 순간 여러 가지 생각을 하지 못할 때가 있다. 그땐 단 한 가지만 생각할 수 있다. 그렇지만 그 한 가지가 전부는 아니다. 다른 여러 가지 가능성이 숨어 있다. 어느 한순간 한 가지밖에 보지 못하고 파묻혀 버리는 속성을, 양자물리학에선 '상보성의 원리'라고 부른다.

이 속성 때문에 우리는 고정관념을 만든다. 고정관념에 빠지면 아무리 투덜대며 저항해도 도저히 벗어날 수 없게 된다. 사람이라면 누구나 자기 모습 중에 도저히 사랑할 수 없는 부분이 있기 마련이다.

그 사실을 잘 알고 있음에도 사람들은 스스로에게 화가 치밀어 오르곤 한다. 스스로에게 화가 치밀어 오르면, 자신을 가혹하게 다루거나 학대하기도 한다. 술을 마시거나, 담배를 피우고, 과식을 하거나 그와 비슷한 일을 하는 것이다.

그중에서도 가장 나쁜 건, 자신을 비난하는 행위이다. 다른 어떤 것보다도 스스로에게 깊은 마음의 상처를 남긴다.

술을 마시고 과식을 하는 대신, 운동을 할 수도 있고 책을 읽을 수도 있다. 오로지 내가 하는 생각이 나를 결정짓는다. 내가 선택하는 작은 습관들이 이어져 고정관념을 만든다.

타인의 시선에서
벗어나야 할 때

내 성공은 최고의 조언에 귀 기울인 후
얽매이지 않고 정반대를 행한 덕이다.

G. K. 체스터튼

월경이 사라진 마흔두 살 때 차라리 임신이었으면 좋겠다고 생각했다. 폐경 진단이 내려지면 대부분의 여자는 여자로서의 모든 게 끝났다고 생각하게 되는 것 같다.

그래서 폐경을 공포스럽게 받아들인다. 하지만 걱정한다고 해서 월경이 다시 시작되는 것도 아니다. 좋은 것만 생각하면 폐경의 공포에서 벗어나 자유로워질 수 있다.

피임을 하지 않아도 되고 생리대를 사지 않아도 된다. 더 이상 아이가 생기지 않을 테니, 임신의 공포에서도 자유로울 수 있다.

폐경은 자연스러운 현상이다. 폐경과 노화는 인간이 거스를 수 없는 자연현상일 뿐이다.

월경이 사라졌다는 것에 너무 집착하지 말고 타인을 의식하지 않는 게 중요하다. 마흔두 살 나이에 생리가 없어졌다고 말하면 대부분 연민의 눈으로 바라보지만, 나는 오히려 홀가분했다.

타인의 시선으로 자신을 바라보지 않아야 한다. 세상의 가치관에 휘둘릴 필요는 없다. 남들이 나를 어떻게 보는가를 의식하면, 더 이상 자신의 세계에서 살 수 없게 된다.

타인의 시선을 행복의 기준에 놓았다면 행복해질 수 없다. 남들이 나를 어떻게 보는가에 만족을 느끼는 순간, 우월감으로 만족을 얻게 된다. 내가 생각하는 행복이 뭔지 생각하면 새로운 깨달음을 얻을 수 있을 것이다.

데일 카네기는 말했다.

"두려움에 맞서는 방법은 아주 간단하다. '왜 두려운 거지?' 하고 이유를 생각해 보면 두려움은 사라진다. 그런 다음, 당신은 이렇게 중얼거리게 될 것이다. '뭐, 그만한 일 가지고!'"

데일 카네기의 말처럼 '뭐, 그만한 일 가지고'라고 말해 보자. 대부분의 일이 작게 느껴질 것이다.

우리는 행복하다고 생각하는 만큼만 행복할 수 있다. 세상은 당신이 어떻게 생각하느냐에 따라 달리 보인다. 하찮은 물건에서도 아름다움을 찾을 수 있지만, 단점만 보려고 하면 최고의 보물에서도 흠집만 보일 것이다. 기쁘고 유익한 것만 생각하면 항상 행복할 수 있다.

우리는 100세 시대를 살아가고 있다. 갱년기를 맞이한 우리에게 앞으로 50년의 세월이 더 남아 있다. 사람에 따라 길게 느낄 수도 있고 짧게 느낄 수도 있다.

남은 삶을 어떤 이는 축복으로 살 테고, 어떤 이는 불행하게 살 테다. 남은 삶을 축복과 행복으로 살기 위해선 마지막 순간까지 최선을 다해야 한다.

스코틀랜드 속담에 이런 말이 있다.

"가장 안타까운 일은, 지구상에서 충분히 얻고 누릴 수 있는 행복을 천국에서만 누릴 수 있다고 착각하며 살아가는 것이다."

100세 시대를 살고 있는 우리는 축복받은 세대이다. 윗 세대의 관점에서 보면, 수명도 길어졌거니와 누리고 싶은 걸 마음대로 누리며 살아가고 있다.

흔히 젊음이야말로 세상을 살아가는 힘이고 아름다움이라고 생각한다. 그래서 나이 드는 걸 두려워한다. 하지만 여성의 아름다움이란 외면적인 게 다가 아니다.

여성의 아름다움은 오랫동안 길러진 습관과 교육에 의해 얻어진다. 온유함, 예민함, 자애로움, 모성애, 강인함, 풍부한 감성 등에 의해 여성의 아름다움은 완성되는 것이다.

흔히 똑똑하지 못하거나 예쁘고 잘생기지 못하거나 재능이 부족해서 꿈을 좇지 못한다고 얘기하곤 한다. 타인이 던지는 한마디에 마음이 흔들리고 심지어 스스로 담을 쌓곤 갇히기도 한다. 스스로를 쓸모없는 존재로 제한해 버리는 것만큼 어리석은 일은 없다.

남은 남이고
나는 나다

인생의 의미에 대해 지독하게, 열렬하게, 집요하게 파고든 사람들이 있다. 바로 실존주의자들이다. 실존은 인간의 전형적인 존재 방식이다. 실존은 그 자체로 인간에게 부여되어 있는 건 아니다. 실현할 수도 있고 그렇지 못할 수도 있는, 인간의 가능성이다.

"오직 자신을 위해 살아라."

실존주의자들은 이기적 삶을 적극적으로 권한다. 인간은 자기 삶에 뭔가 결핍되어 있다고 느끼면 "내 인생엔 내가 없어"와 같은 결핍을 스스로 만들어 낸다. 실존주의자들은 삶에 의미가 있다면, 한 개인이 자기 삶에 부여하기로 선택한 의미가 있을 뿐이라고 주장한다.

인간이 불안, 두려움, 공포, 우울에 빠지는 건 대부분 '타인'과의 비교 때문이다. 인간은 매 순간 자신의 삶을 선택하고, 기꺼이 선택에 따른 책임을 지며, 이를 통해 무한한 자유를 획득해 나갈 때 비로소 행복을 느낀다.

하지만 대부분 그런 삶에 실패한다. 자신의 선택도, 책임도, 자유도 모두 타인 탓으로 돌려 타인에게 맡겨 버리기 때문이다. 타인에게 자신의 삶을 휘둘리며 사는 사람은, 어떤 선택도 하지 않는 걸 선택한 것이나 다름없다.

실존주의자 애덤스는 자신의 삶을 사는 자유를 누리고 싶다면 능동적이고 결단적이며 결단력 있는 선택과 행동으로 현실에 맞서야 한다고 주문한다.

절망 대신 희망과 긍정으로 자신만의 삶을 살면, 우리는 고통받지 않고 완전한 행복을 얻기 위해 애쓰지 않아도 된다. 도전에 부딪히는 순간마다, 용기 있게 맞서 현실적 목표를 성취하기 위해 노력만 하면 된다.

어릴 적 아이들은 부모가 최고라고 생각한다. 하지만 아이들이 학교에 들어가면 친구들의 부모와 비교하며 내 부모가 대단하지 않다는 걸 알게 된다. 마찬가지로, 부부 사이도 다른 부부와 비교하면 마음이 황무지와 같아진다.

우리는 너무나 많은 걸 요구하며 산다. 남편은 아내가 자기를 행복하게 만들어 주길 바라고, 아내는 남편이 자기를 행복하게 만들어 주길 요구한다. 타인에게도 마찬가지다.

마음의 문을 열고 타인의 욕구를 발견하고 그 욕구를 충족시키고자 노력했을 때, 관계는 개선되고 행복으로 가게 된다.

살다 보면 사소한 일을 너무 심각하게 받아들여 쓸데없이 크게 만들 때가 있다. 타인을 의식하다 보면, 사소한 일에 너무 민감하게 반응하고 나중에는 더 치명적인 문제에 부딪치곤 한다. 종국엔 이겨 낼 힘을 비축할 수 없게 된다.

타인의 시선에서 벗어나 고만고만한 좌절과 실수는 웃고 넘기자.

남은 남이고 나는 나다. 인간은 나와 타인을 비교하면서 내게 없는 걸 찾아낸다. 비교하는 습관이야말로 불행의 씨앗이다.

세상엔 부자, 예쁜 사람, 권력자들이 넘쳐난다. 그들과 나를 비교하면 불행해지는 게 당연하다. 나보다 가난하고 예쁘지 않은 사람 또한 세상에 넘쳐난다. 갖지 못한 것 말고 갖고 있는 걸 찾아 감사하자.

행복이나 성공은 '부'에서만 나오지 않는다. 성공과 행복은 동일하지 않다. 성공과 행복은 각자의 기준과 경험에서 정하는 것이다.

나는 성공이 아닌 삶의 태도로 사람들을 평가하려 한다. 성공에도 권리가 있고 실패에도 권리가 있으니 말이다.

젊음과 성형수술이 즐거운 인생을 보상해 주진 않는다. 고급 주택과 고급 승용차가 존경을 가져다주는 것도 아니다. 50대 이후의 삶은 타인의 시선에서 벗어나 내면에 있는 소중한 자원을 최대한 드러내고 확장하는 데 있다. 타인과 구별되는 것에 나만의 아름다움이 있다. 당신은 누구와도 다르며 독특한 존재다.

행복을 포기하는 건 가장 어리석은 일이다. 인간은 누구나 특별하다. 삶을 작은 틀에 묶으려는 것처럼 어리석은 일도 없다. 우리에겐 선택할 권리가 있다.

우리는 모두 같은 세상에 살고 있는 것 같지만, 모두 각자 자기만의 세상에 살고 있다. 세상은 내가 마음속에 가지고 있는 만큼만 보인다. 타인이 나를 '무시한다는 생각'이 들면 내 안에 '무시한다'는 마음이 있기 때문이다. 누가 그런 마음을 가지라고 한 적은 없지만 스스로 그 마음을 만들어 내 가지고 있는 것이다.

타인의 시선에서 벗어나야 늙지 않는 오십을 보낼 수 있다.

나를 가꾸는 데
전념하기로 했다

몸과 마음이 도덕으로 충만한 걸
아름다움이라 한다.
요한 볼프강 폰 괴테

신경 세포로 가득한 뇌는 전기 회로처럼 얽혀 신경 덩어리로 인식되지만, 뇌는 호르몬 덩어리라고 할 수 있다. 신경 세포와 신경 세포 사이의 틈새에 호르몬이 분비되어 정보를 전달할 수 있다. 인간이 생각하고 행동하며 느끼는 모든 건 호르몬 덕분이다.

외부에서 받는 자극에 '싫다' 또는 '좋다'라고 생각하는 건 추상적인 사고일 뿐이다. 우리가 생각하는 모든 게 뇌에서 물질화되어 화학 반응을 일으킨다. 책《뇌내혁명》에서 생각하는 데에도 에너지가 필요하다고 얘기한다.

우리는 이런 사실을 의식하지 못한 채 살아간다. 에너지를 사용할 때 뇌내에서 POMC라는 단백질 분해 현상이 일어난다. 그런데 '좋다'고 생각할 때와 '싫다'고 생각할 때의 단백질 분해 방법이 다르다.

스트레스를 받아도 긍정적인 생각을 하느냐 부정적인 생각을 하느냐에 따라, 단백질이 분해되어 부신피질 호르몬으로 변환된다.

같은 일을 놓고도 '일종의 시련일 뿐이니 견뎌 내자'라고 긍정적으로 생각하면, 단백질이 분해되어 부신피질 호르몬으로 변환되어 신체적인 스트레스를 줄여 준다.

반면 '왜 내게만 이런 일이 일어나는 거야, 세상은 불공평해'라고 부정적으로 생각하면, 독성을 가지고 있는 노르아드레날린이나 아드레날린으로 변환되어 강력한 독성이 있는 활성산소가 발생한다.

스트레스에 긍정적으로 반응하느냐 부정적으로 반응하느냐에 따라, 뇌는 좋은 약으로 작용할 수도 있고 독으로 작용할 수도 있다.

사고는 환경에 의해 지배당한다. 플러스 발상을 하는 환경에서 자랐다면 매사를 긍정적으로 받아들이기 쉽고, 마이너스 발상을 하는 환경에서 자랐다면 매사를 부정적으로 받아들이기 쉽다. 좋지 않은 환경에서 자랐다면 매사를 마이너스 발상으로 생각하기 쉽다.

생각과 행동은 바꿀 수 있다. 인생을 살아가며 스트레스를 피할 순 없다. 불안과 걱정이 많은 사람은 시종일관 걱정을 하느라 스트레스를 받는다. 고통 또한 피할 수 없다.

어떻게 받아들일 것인지는 우리의 선택에 달려 있다. 괴로워만 할 것인지 아닌지 말이다.

현대인들은 늘 시간과 돈에 쫓기며, 미래에 대한 불안감으로 인생을 살아간다. 학생은 아무리 싫어도 공부를 해야 한다. 자본주의를 살아가는 우리는 늘 사람들을 의식하고 돈 걱정을 해야 한다.

그럴 때마다 걱정과 두려움에 휩싸이면 우울해진다. 스스로 병을 만드는 것이다.

반면 같은 처지나 상황에서도 낙천적인 사람은 건강하게 성공적으로 살 수 있다. 우리가 생각하는 게 우리를 만든다. '좋은 생각을 하면 좋은 일이 생기고, 나쁜 생각을 하면 나쁜 일이 생긴다.' 좋은 생각을 하면 뇌에서 좋은 호르몬이 분비되고, 나쁜 생각을 하면 뇌에서 나쁜 호르몬이 분비된다.

근심하는 삶과 힘든 삶과 이기적인 삶을 버리자. 쓸모없는 생각, 어리석은 생각, 바보 같은 생각을 떨쳐 버리자. 당신을 무능력하게 만드는 나쁜 생각, 혼란을 초래하는 잘못된 사고를 버리자.

삶이 얼마나 가볍고 자유로운지 알게 될 것이다. 우울했던 마음이 순식간에 사라지는 걸 깨닫고 놀랄 것이다.

불행한 경험을 했다면 잊으면 된다.

얼마 전 후배가 우울한 얼굴로 찾아왔다. 지인이 "왜 그렇게 살아, 그렇게밖에 못 살아?"라고 말했다며, 자신이 왜 그런 취급을 받아야 하는지 자신에게 문제가 있는 게 아니냐며 우울해했다.

살다 보면 의도하지 않은 결과가 나올 때가 많다. 선의로 한 일이 꼭 좋은 결과를 가져오진 않는다.

조선 후기 학자 윤형로는 다음과 같이 말했다.

"생각지 못한 비난에 걱정할 것 없고, 과분한 칭찬에 좋아할 것 없다. 비판받을 만한 행동을 했으면, 반성하고 고치면 된다. 내가 본래 잘못이 없으면, 저들의 괜한 비방을 무엇 하러 따지겠는가? 내가 칭찬받을 만한 착한 행실이 있으면, 저들이 칭찬하는 게 당연하다. 내게 본래 착한 행실이 없다면, 남들의 괜한 칭찬은 도리어 부끄러운 일이 된다. 행실을 닦는 데 비난과 칭찬에 흔들릴 필요가 없다."

잘못한 게 있으면 반성하고 고치면 된다. 잘못한 게 없다면 욕하는 사람들의 시선에 연연할 필요가 없다. 사람들의 잘잘못을 시시콜콜 따지려 들면 의미도 없는 일에 시간만 낭비하는 꼴이 된다. 우리는 타인을 너무 많이 의식하며 산다.

경쟁하지 않고
내게 집중하는 삶

많은 이가 근심과 걱정을 잊고 즐기는 방법을 모른다. 우리는 잊어버리고 내버려두는 걸 잘 할 줄 모른다.

버리지 못하는 물건을 다락에 쌓아놓는 어리석은 사람처럼, 과거의 감정을 버리지 못하고 과거에 매달려 있다.

단단하게 움켜쥐고 있어, 버리는 게 가장 어려운 일이 되어 버렸다. 걱정이나 근심 같이 부정적인 감정은 우리 마음을 들락날락하며 화나게 하고 불안하게 하고 우울하게 한다.

어떤 이는 타인이 뭘 하는지, 어딜 가는지, 무슨 옷을 입는지, 어떤 차를 모는지에 지나치게 신경 쓰며 산다.

자신의 인생에만 집중해야 한다. 자신과 경쟁해야 한다. 건전하지 못한 경쟁심은 절대로 만족 없는 삶을 만든다.

자신 본연의 모습을 받아들이지 않고 마음에 들지 않는 부분을 고치려고 애쓰는 사람들을 쉽게 만날 수 있다. 동창회에 가거나 친구들을 만나면, 타인의 외모에 지나치게 신경 쓰는 친구들을 본다.

남이 입고 있는 옷을 내가 입지 못한다고 열등감을 느끼지 말자.

88 사이즈를 입는 친구가 있는데, 그 친구는 늘 즐겁게 산다. 그녀는 늘 이렇게 말한다.

"쟤들이 입는 치수를 내가 입지 못한다고 열등감을 느끼진 않아. 나는 쟤들이 못 입는 치수를 입고 있잖아. 나는 그걸로 충분해. 모두 똑같이 날씬할 이유는 없잖아. 나는 충분히 멋지고 충분히 예뻐."

외모는 그다지 눈에 띄지 않아도, 스스로를 가꾸면 그 누구보다 매력적인 사람이 될 수 있다. 내면은 본연의 모습으로 밖으로 드러나게 되어 있다.

자신을 아름답게 가꾸고 삶을 가꿔라. 자신감이 넘쳐 행복하고 안정적인 삶을 살아갈 수 있을 것이다. 신은 우리에게 각기 다른 키와 몸무게, 성격을 주셨다. 있는 그대로 받아들이고 최고로 만들어라.

가치 있는 것만 남기고 쓸모없는 감정, 쓸모없는 생각, 어리석은 것, 방해되는 것들을 버리는 방법을 배운다면, 발전할 수 있을 뿐만 아니라 삶이 더욱 행복하고 조화로워질 것이다.

행복한 사람은 타인에 의해 쉽게 주눅 들지 않으며 자신의 단점을 장점으로 만들어 자신에 만족할 줄 안다. 최고로 멋진 옷을 입지 않아도, 몸매가 완벽하지 않아도 열등감을 느끼지 않는다.

행복한 사람은 경쟁하지 않으며 자신이 할 수 있는 한 최고가 되고자 최선을 다하는 데 집중한다.

주체적으로 사는 연습

첫 번째

나를 돌보기 위한
5가지 방법

- 몸의 신호와 마음의 말을 듣고 몸을 돌보듯 마음도 돌보자.

- 생각, 행동, 말의 습관에 인생 후반의 행복이 달려 있다.

- 인생 후반, 새로운 정체성과 자아상을 만들어 내야 한다.

- 타인을 의식하고 타인과 비교하는 건 불행의 씨앗이다.

- 근심 걱정을 버리고 쓸모없는 생각을 떨쳐 스스로를 즐겨라.

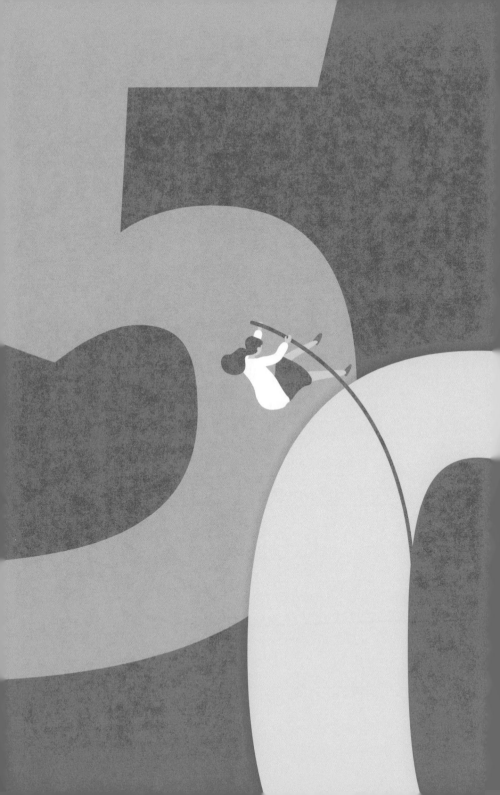

2장

오십부터는
나밖에
없는 것처럼

Let Me Be Myself

모든 변화에는
고통이 따른다

내일은 저 혼자 찾아온다.
오늘을 위해 일하는 습관을 길러라.

카를 힐티

건전한 인생철학을 가졌다면, 지금 풍부한 기회들에 둘러싸여 있을 것이다. 그러나 건전한 인생철학과 목표 없이 살아가고 있다면, 큰 어려움을 겪고 있을지 모른다.

50대는 지금까지의 삶을 돌아보고 반성하며, 50대 이후 어떻게 살아야 할지 고민해 보고 계획을 세워야 하는 시기다.

인생은 긴 여정이다. 일단 멈춰 내면의 소리에 귀를 기울여야 한다. 생각만 하며 사는 사람은 어느 시대나 존재했다. 그들은 시대의 윤활유 역할을 하기도 했다. 문제는 꿈만 꾸는 사람이 많다는 거다.

정리 전문가 정희숙 씨는 그동안 정리한 집이 2,000곳에 달한다. 정리의 달인, 정리의 여왕으로 불린다. 그녀가 사람들에게 어디에 살고 있냐고 물어보면, 대부분 망설임 없이 대답한다. "아파트요", "주택에 살아요". "빌라인데요". 하지만 질문을 바꿔 어떻게 살고 있냐고 물어보면 대답을 하지 못하는 경우가 많다고 한다.

그녀가 몇 달 전, 정리 컨설팅을 부탁받은 집에 찾아갔을 때다. 옷이 유난히 많아 고민이라고 해서 옷장 문부터 열었다. 집 안 여기저기에도 옷이 아무렇게나 흩어져 구겨진 채 쌓여 있었다.

아내의 옷이었다. 남편 옷은 3분의 1도 되지 않았다. 이런 경우 해결책은 한 가지다. 아내가 차지하고 있는 공간을 인식하고 남편의 자리를 만들어 주는 것이다.

정리 컨설팅을 할 때 지키는 원칙 중 하나가, 가족 구성원 모두에게 각자의 공간을 만들어 주는 거라고 한다. 독립된 공간이 아니어도 된다. 공간이 없으면 책상을 하나 내주거나 의자를 하나 두는 것도 좋다. 물건을 놓을 자리보다 더 중요한 건 사람의 자리다.

혼자만의 공간이 있다면, 집에 있는 시간이 적더라도 집을 편안하게 느낄 것이다. "저는 필요 없어요, 제 공간은 없어도 되는데…", 가끔 이런 말을 하며 자신의 자리를 만들지 않겠다는 분들을 만날 때도 많지만 말이다.

혼자만의 공간이 필요 없는 사람은 없다. 몸과 마음을 가진 이상, 먹고 자고 쉬는 공간 외에도 오롯이 자기만을 위한 공간은 꼭 필요하다. '버리기'만을 정리라고 생각하지만, 그렇지 않다.

공간을 재구성하는 게 정리의 시작이다. 물건이 어디 있는지 찾지 못한다는 건, 물건을 통제하지 못한다는 뜻이다. 물건이 어디 있는지 모른다면, 없는 거나 마찬가지다.

똑똑하게 소비한다고 생각하지만, 유행 따라 소비하는 사람들이 너무 많다. 정리는 선택이다. '쓸 거야 말 거야?', '버릴 거야 남길 거야?', '보물이야 쓰레기야?' 이걸 하지 못하는 사람들은 선택하는 습관을 기르지 못한 것이다.

청소가 공간을 깨끗이 하는 일이라면, 정리는 사람과 물건의 자리를 찾는 일이다. 나아가 마음을 풀어 내는 일이다. 집 안 여기저기에 박혀 있는 물건들은, 해결하지 못한 문제가 뭉쳐진 채 마음 깊은 곳에 숨어 있는 것과도 같다.

자, 고개를 들어 집 안을 둘러보라. 여기저기 쌓여 있는 물건들이 보이는가? 그렇다면 제대로 된 정리가 필요할 때다.

남편과 나는 일 중독이었다. 다람쥐 쳇바퀴처럼 쉴 새 없이 바쁘게만 살아왔다. 부모님이 살아온 방식으로 열심히만 살면 행복할 줄 알았다.

하지만 인생에 큰 그림도 없이 열심히만 했기에 무리해서 탈진하고 말았다. '놀아 본 사람이 잘 논다'는 말이 있듯, 휴식도 노는 것도 해 본 사람이 즐길 수 있는 것 같다. 노는 것보다 일하는 게 좋아 늘 일만 찾다 보니, 일을 하며 내 나름대로의 인생을 즐길 수 있는 방법을 터득했다.

책을 읽고 글을 쓰고 카페를 운영하고 유튜브를 찍으며, 좋은 강연을 시청하고 블로그와 인스타를 통해 사람들과 진솔한 대화를 나눈다. 정신적인 재충전의 시간을 보내고 있다. 독서와 글쓰기는 언제 어디서나 나와 함께하는 친구다.

남편과 늦은 시간까지 일하며 옆을 바라볼 틈도 없이 뒤처지지 않기 위해 노력하다 보니, 시야가 점점 좁아졌다.

책을 읽으며 나를 알아가고 세상에 대한 다양한 생각과 나만의 철학을 세울 수 있었다. 어떤 분야에서든 건전한 철학이 바탕으로 서 있다면 빠르게 변화하는 세상에 맞춰 나아갈 수 있을 것이다.

진정으로
변화를 갈망한다면

행복은 주어지는 게 아니라 만드는 것이다. 오십 이후의 생각은 근본적으로 바뀌어야 한다. 그래야 새로운 행동이 나오고 그 행동이 인생을 변화시킨다.

누구나 적당히 게을러지고 재밌어지고 편해지고 싶어 하기 마련이다. 그러나 '적당히'에서 빠져나오지 못해 귀중한 시간을 헛되이 보낼 수 있다.

누구나 비슷한 조건에서 출발한다. 그런데 어떤 사람은 성공하고, 어떤 사람은 실패하며, 어떤 사람은 그럭저럭 살아간다. 대부분은 출발이 비슷했다는 것도 또 노력과 차이가 있었다는 것도 모르고 결과만 놓고는 세상이 불공평하다고 얘기한다.

인생의 끝자락에서 삶을 바꾼 사람들의 이야기를 우리는 많이 안다. 사람의 참된 본성은 태어나면서부터 이미 '내 안'에 있다고 말이다. 그건 외모나 직업, 성공에 좌우되지 않는다.

우리는 참된 본성과 교감하지 못하거나 심지어 있다는 사실조차 모르고 살아간다. 인간의 참된 본성은 가장 진실한 삶을 살기 위해 꼭 필요하다.

열심히 살았지만 어느 순간 삶이 편안하게 다가오면, 안일한 생각과 태도로 살아가게 된다. 하지만 그건 부정적인 메시지 때문에 당신의 본질을 깨닫지 못하는 것이다. 성장이 없으면 지금과 똑같은 삶을 반복적으로 살아야 한다는 뜻이다.

솔개는 장수하는 조류로 알려져 있다. 최고 70년까지 수명을 누릴 수 있다. 그런데 장수하려면, 40세가 되었을 때 매우 고통스럽고 중요한 결심을 해야 한다.

솔개에겐 두 가지 선택 사항이 있다. 죽을 날을 기다리든가, 6개월여에 걸친 매우 고통스러운 갱생 과정을 거쳐 다시 사냥할 수 있도록 변신하든가.

갱생의 길을 선택한 솔개는, 산 정상 부근으로 높이 올라가 둥지를 지어 머물며 고통스러운 수행을 시작한다. 먼저 부리로 바위를 쪼아 부리가 깨지고 빠지게 한다. 서서히 새로운 부리가 돋아날 수 있게 말이다. 새로 돋은 부리로 발톱을 하나하나 뽑아낸다. 발톱이 새로 돋아나면 날개의 깃털을 하나하나 뽑아낸다.

6개월을 지나 날개에 새 깃털이 돋아나는데, 솔개는 그야말로 새로운 모습으로 변신을 마쳤다. 하늘로 다시 힘차게 날아올라 30년의 수명을 더 누릴 것이다.

모든 변화엔 고통이 따른다. 진정으로 변화를 원한다면 도전해 볼 가치가 있지 않을까? 뼈를 깎는 고통을 이겨 내야 30년을 더 살 수 있는 솔개처럼, 의식을 변화시켜야 한다. 그러기 위해선 적당히가 아닌 고통스러운 갱생의 고통을 감내해야 한다. 바라는 삶을 위해 현재의 안락함을 어느 정도는 희생해야 하는 것이다.

50대의 재충전은 단순히 과거의 모습을 돌아보는 게 아니다. 보다 건설적이면서도 미래 지향적으로 활용해 새로운 미래를 맞이할 수 있어야 한다. 어디에 사는 게 중요한 게 아니라 어떻게 살고 있느냐는 질문에 대답할 수 있어야 한다.

정리 전문가 정희숙 씨의 말처럼 물건을 놓을 자리보다 더 중요한 건 사람의 자리이다. 집은 가족 구성원 모두가 편안하게 쉬는 곳으로, 몸과 마음의 쉼을 줄 수 있는 공간으로 만들어야 한다.

선택하는 습관을 기르고 사람과 물건의 자리를 찾는 일부터 해 나가자. 여기저기 박혀 있는 물건들을 정리하고 마음 깊은 곳에 숨어 있는 마음을 풀어 내고 비우자.

내 감정의 소리에
귀 기울여 보세요

인간에게 감정과 욕망은 중요한 위치를 차지한다. 감정과 욕망은 절대로 무시당하거나 거부되어서는 안 된다. 그런가 하면, 감정과 욕망은 반드시 의지와 지성에 연결되어야 한다.

인간은 컴퓨터가 아니다. 그래서 감정적인 반응을 내보인다. 경험을 하면, 감정이 자연적으로 따라온다. 공포 영화를 보면 두려운 감정이 따라오고, 연애를 하면 보호받고 사랑받는 느낌이 든다. 배우자가 나를 배려해 주면 행복해진다. 상대방이 화를 내면 나도 화가 치밀어 오른다.

인간에게 독특한 게 있다면, 그건 '감정'이다. 감정은 똑같은 걸 경험해도 모두 다 다르게 느낀다. "그곳에 가고 싶었어요"라고 말하면, 가고 싶은 정도가 다 다르다.

때론 스스로가 어떻게 느끼는지 알지 못할 때도 있다. 그래서 자신과 타인을 관찰하는 일은 자신과 타인을 이해하는 데 도움이 된다.

그런데 부정적인 감정이 나쁘다고만 생각한다. 감정은 옳고 그른 게 없다. 감정은 감정일 뿐이다. 인간이기에 감정이 있는 것뿐이다. 대부분 '화내는 건 죄를 짓는 행위'라고 생각한다. 긍정적인 감정뿐만 아니라 부정적인 감정도 느끼는 게 당연한데 말이다.

감정적으로 반응하는 걸 걱정할 필요는 없다. 감정은 자신에 대해 중요한 걸 알게 해 준다. 감정을 잘 관찰하면, 특정한 상황에서 어떻게 반응하는지 발견할 수 있다. 부정적인 감정과 긍정적인 감정은 사람이나 물건, 사건과 가깝게 만들기도 하고 멀어지게 만들기도 한다.

넘어져서 다치면 상처가 나고, 당장 조치를 취한다. 컴퓨터가 갑자기 느려지거나 바이러스에 감염되어도, 당장 조치를 한다.

감정은 지금 마음속에서 무엇이 일어나는지를 알게 해 주는 신호이다. 부정적인 신호가 오면 당장 조치를 취해야 한다.

감정은 잊어버리려고 해서 잊히는 게 아니다. 컴퓨터가 느려지거나 바이러스에 감염되어 아무런 조치를 취하지 않고 계속 사용한다면, 머지않아 컴퓨터는 고장날 것이다. 마찬가지로 부정적인 감정을 무시하고 그냥 살면, 부부 사이나 인간관계에 금이 가게 된다.

부정적인 감정은 관찰을 통해 정확하게 사고할 수 있게 해 준다. 그런데 대부분의 사람은 더 정확한 사고를 하려 하지 않는다. 관찰하고 찾지 않으면 알 수 없는 경우가 많다. 인간은 부정적인 감정에서 쉽게 벗어날 수 없다.

인간의 두뇌는 다섯 살 이전에 분노, 증오, 절망 등 원시적 감정을 배우고, 다섯 살부터는 대뇌피질을 통해 사회생활에 필요한 개념적인 언어와 글자, 환경을 배운다.

프로이트는 다섯 살 이전의 일들을 기억하지 못하는 현상을 '유아기 기억상실'이라고 불렀다. 뇌 과학자들은 기억력이 원시적 잠정에서 개념적으로 바뀌는 5세를 '기억 전환 나이'라고 지칭했다.

원시적 감정은 다섯 살 이후부터 발달하지 않는다. 때문에 5세 유아나 어른들의 원시적 감정은 똑같다. 학식과 덕망을 갖춘 사람이라도 분노나 증오, 두려움 등의 감정에서 완전히 해방될 수 없다.

다시 말하면, 부정적인 감정은 생존에만 집착하는 뇌가 만들어 낸 것이다. 정신 의학자인 존 카바트 진 박사는 부정적인 감정이 들 때 조용히 관찰하면 두뇌가 만들어 내는 경이로움을 느낄 수 있다고 말한다.

"스스로 만들어 내는 부정적인 소리에 귀를 기울여 보세요. 스스로 부정적인 감정을 만들어 낼 수 있다는 게 얼마나 경이로운 일인가요? 때로는 분노에 파묻혀 치를 떨기도 하고 때로는 절망적인 늪에 빠져 허덕이는 것도, 모두 우리 스스로 창조해 내는 겁니다."

부정적인 감정이나 생각은 생존을 위해 생겨나는 것인 만큼, 인정하고 따뜻하게 받아들여야 한다.

두뇌가 만든 감정은 경이롭다.

내 감정을
면밀히 관찰해야 하는 이유

감정은 갑자기 나타나기도 하고 뒤엉켜 나타나기도 한다. 감정에는 강약도 있어, 화가 조금 날 수도 있고 많이 날 수도 있다. 조금 행복할 수도 있고 많이 행복할 수도 있다. 슬프다가도 좋아지고 조금 슬프다가도 하늘이 무너져 내리는 슬픔을 경험할 수도 있다.

남편이 갑자기 비싼 옷을 사 주면 기쁘긴 하지만, 한편으론 생활비가 걱정되기도 한다. 대부분의 사람이 감정을 '좋다' '나쁘다'로 구분 지어 생각하지만, 감정 변화를 한번 잘 관찰해 보라. 자신이 어떤 사람이며, 어떤 사건에 어떻게 반응하는지 잘 알 수 있을 것이다.

자신의 감정을 알아내는 방법은, 자신이 어떤 식으로 반응하는지 관찰하는 것이다. '남편이 말할 때 나는 미소를 짓는가?', '사랑스러운 눈으로 보고 있는가?', '내가 말할 때 음정은 어떤가?', '예쁜 말을 쓰고 있는가?', '어떤 목소리 톤으로 말하고 있는가?' 하며 관찰해 보면, 감정 상태와 더불어 자신이 어떤 식으로 반응하는지 알 수 있다.

갱년기 증상으로 괴로웠을 때 남편에게 "당신 때문에 너무 힘들다"라고 말을 건넸더니 남편 역시 "나도 너무 힘들다"고 했다. 남편의 말을 듣고 혼자 아픈 사람은 없다는 걸 깨달았다.

사람은 뭔가를 원한다. 남편은 내가 뭔가를 해 주길 원하고, 나는 남편이 뭔가를 해 주길 원한다. 일상생활에서 이 모든 게 무의식적으로 행해진다. 인간은 오감을 통해 경험하고 느끼고 해석하고 갈망한다. 의식하지 않아도 감정이 있기에 행해지는 것이다.

관찰하고 살피며 주의 깊게 들어가면, 자신을 더 잘 이해하게 되고 상대방의 행동 또한 이해하게 된다. 자신이 왜 그런 행동을 하는지 알 수 있어야, 보다 긍정적이고 건설적인 행동들로 연결할 수 있다.

이런 감정들을 이해하지 못하면 "나는 내 감정에 솔직해지고 싶어", "나는 지금까지 많이 참고 살았어", "더 이상은 같이 살 수 없어"라며 느끼고 갈망하는 게 전부라는 착각 속에서 살게 되고 만다. 이런 사고방식은 후회와 원망을 낳을 것이다.

중요한 건, 그럼에도 배우자는 당신 곁에 있다는 사실이다. 아무리 경제적으로 어렵고 힘들더라도 부부간의 정과 의리만 있다면, 행복하게 살 수 있다.

고슴도치는 본인의 가시를 모른다.

남편에 대해 늘 불만만 얘기하는 후배가 있었다. "남편은 나를 사랑해 주지도 인정해 주지도 않아요"라며 남편에게 사랑받고 싶어 괴로워했다. 갈등의 원인이 남편에게만 있다고 생각하는 마음은 부부 관계를 더 힘들게 할 뿐이다.

나는 그에게 보드라운 쿠션을 주며 안아 보라고 했다. 그리고는 느낌을 물었다. 후배는 보들보들한 쿠션의 느낌이 너무 좋다며 계속 안고 있었다.

배우자에게 편안히 안기고 싶으면, 자기도 모르게 박혀 있는 가시를 빼고 보들보들한 쿠션이 되어야 한다.

혼자 아픈 사람은 없다. 자신이 어떤 식으로 반응하는지 관찰하고 스스로의 감정을 알아내 대처해야 한다.

성장하는 오십은
늙지 않는다

마지막인 것 같은 순간에 새로운 희망이 움튼다.
삶이란 그런 것이다.

앤드류 매튜스

현대인들은 기본적으로 스트레스가 많다. 인간은 화가 나거나 스트레스를 많이 받으면, 뇌에서 노르아드레날린과 베타 엔도르핀이라는 호르몬이 분비된다. 노르아드레날린은 강한 독성을 지니는데, 뱀독에 버금갈 정도라고 한다.

뇌에서 분비되는 호르몬은 아주 작은 미량이지만, 항상 화를 내거나 스트레스를 받으면 그 독 때문에 병에 걸리고 노화가 진행되어 갱년기가 빨리 오게 된다.

힘들고 괴로운 일이 있더라도 견디고 뛰어넘어 극복하면, 뇌에 엔도르핀이 나와 건강과 젊음을 유지하며 인생을 보낼 수 있다.

맛있는 음식을 먹거나 기분 좋은 생각, 운동이나 공부 같은 성취감을 달성해도 뇌에서 엔도르핀이 나온다.

인간은 누구나 건강하게 오래 살기를 원한다.

동물은 원뇌만으로 살아간다. 배가 고프면 먹어야 하고, 수컷은 암컷을 보면 번식 활동을 하려 한다. 거의 조건반사적으로 활동한다.

인간도 이와 같은 뇌를 가지고 있다. 하지만 인간에겐 대뇌피질이 있어 본질을 다르게 이해할 수 있다.

매슬로의 인간 욕구 발전 5단계

심리학자 에이브러햄 매슬로는 인간의 동기가 움직이는 일반적인 양상을 묘사하고자 각 동기 단계를 생리적, 안전, 애정과 소속, 존중, 자아실현의 욕구로 명명했다.

이 다섯 가지 욕구는 첫 단계부터 하나씩 올라가듯 낮은 차원에서 높은 차원의 욕구를 향해 단계적으로 올라간다.

1. 생리적 욕구

가장 낮은 단계로 음식, 물, 수면, 성욕이나 식욕 등의 '생리적 욕구'이다. 인간에게 나타나는 가장 기본적이면서도 강력한 욕구로, 욕구 피라미드 최하단에 위치하며 파충류의 뇌에서 나온다.

2. 안전의 욕구

두려움이나 혼란스러움이 아닌 평상심과 질서를 유지하고자 하는 욕구로, 안전의 위협을 느낀 사람들은 불확실한 것보다 확실한 것, 낯선 것보다 익숙한 것과 안정적인 것을 선호한다.

· 개인적인 안정
· 재정적인 안정
· 건강과 안녕
· 사고나 병으로부터의 안전망

전쟁이나 자연 재해, 가정 폭력, 유아 학대와 같이 개인의 물리적 안전이 보장되지 못할 경우 외상 후 스트레스 증후군을 경험한다. 배가 고플 땐 부끄러움을 느낄 새도 없이 남의 눈을 의식하지 않고 먹을 걸 찾아 헤매며 위험을 무릅쓰지만, 이 욕구가 채워지면 안전에 대해 생각하게 된다.

3. 애정과 소속의 욕구

생리적 욕구와 안전의 욕구가 충족되면 대인 관계로부터 오는 애정과 소속의 욕구가 나타난다. 사회적으로 조직을 이루고 소속되어 함께하려는 성향으로, 생존을 위해 무리지어 다니는 모습은 동물적 수준의 사회적 성향을 반영하는 것으로 볼 수 있다. 사회적인 상호 작용을 통해 전반적으로 원활한 인간관계를 유지하고자 하는 욕구에 해당된다.

자존심을 지키고 타인에게 인정받길 원하는 욕구이다. 자신이 남보다 뛰어나다는 자신감, 자신의 능력에 대한 확신, 목표를 달성하면서 느끼는 충족감을 바탕으로 자존심을 지키고 타인에게 인정받으려 한다.

상, 명성, 권력 등의 형태로 나타난다. 집단에 속했다는 점을 타인에게 인정받길 원한다.

4. 존중의 욕구

모든 사람은 존중받고자 하는 욕구를 갖고 있다. 존중은 타인으로부터 수용되고자 하고 가치 있는 존재가 되고자 하는 인간의 전형적인 욕구를 나타낸다.

사람들은 훌륭한 일을 하거나 뭔가를 잘함으로써 타인의 인정을 얻고자 한다. 자신이 가치 있다고 느끼거나 자신이 뭔가에 기여하고 있다는 느낌을 갖게 하기 때문이다.

5. 자아실현의 욕구

욕구 피라미드의 최상부에 위치한 자아실현의 욕구는, 각 개인의 타고난 능력 혹은 성장 잠재력을 실행하려는 욕구라고 할 수 있다. 역량이 최고로 발휘되길 바라며, 자신을 창조적인 경지까지 성장시켜 완성함으로써 잠재력의 전부를 실현하려 한다.

4단계의 욕구를 충족하면 최고 수준의 존재가 되고 싶다는 소망이 생긴다. 자아실현의 욕구는 결핍 상태에서 출발하는 게 아니라 성장을 향한 긍정적 동기의 발현이다.

원하는 바를 이루고자 하는 욕구는 때로 한계에 부딪히지만 극복하면서 더욱 분발하는 걸 뜻한다. 매슬로는 자아실현의 욕구를 가장 인간다운 욕구로 중요하게 생각했다.

자아실현 단계의 욕구를 이해하기 위해선 이전 4단계의 욕구가 충족되어야 할 뿐 아니라 욕구에 대한 숙달이 이뤄져야 한다. 즉, 한 가지 욕구를 이룬 뒤에 다음 단계의 욕구가 발생하는 것이다. 기본적인 욕구가 충족되고 나서야 부차적인 혹은 상위 단계의 욕구에 대해 강한 열망을 가지게 된다.

50대 이후엔 낮은 단계에서 만족하려는 삶에서 벗어나 높은 단계의 자아실현을 위해 살아야 한다. 기본적인 욕구의 낮은 단계에서 만족하려는 자신을 높은 단계의 욕구까지 끌어올려야 한다. 삶의 만족도나 충족감을 함께 끌어올려야 한다.

의식적으로 생각하지 않으면 다섯 가지 욕구 중 낮은 단계의 삶을 살아가게 된다. 물론 낮은 단계의 의식으로 평생을 살아갈 수도 있지만 말이다.

하지만 욕구 단계를 높일수록 뇌에서 엔도르핀이 많이 분비되면서 쾌감도 커진다. 욕구가 높아지면 병에 쉽게 걸리지 않고 행복하게 오래 살 수 있는 것이다.

어떤 생각과 마음가짐으로 살아가냐에 따라 삶의 만족도가 달라진다. 50대부턴 기본적인 욕구 충족을 넘어서 지속적인 성장을 위해 노력해야 한다.

부부 사이도
리모델링이 필요하다

한가한 때 헛되이 보내지 않으면 바쁠 때 쓰임이 있고,
고요한 때 쉼이 없다면 활동할 때 도움이 되느니라.
남이 안 보이는 곳에서도 속이거나 숨기지 않으면,
여럿이 있는 곳에 나갔을 때 떳떳이 행동할 수 있느니라.

《채근담》

　20여 년을 다른 환경에서 자란 남자와 여자가 만나 사랑이라는 감정 하나만 믿고 결혼한다. 그들은 생김새가 다르듯 사고방식도 다르다. 처음엔 이 다른 점에 끌려 사랑하고 조화를 이루며 살아가지만, 시간이 갈수록 다른 점이 단점으로 보인다. 결국 다름을 이해하지 못하면 오해만 쌓이고 불행으로 가고 만다.

　대부분의 갈등 부부가 서로 뭔가 맞지 않으면 '성격 차이'라고 말한다. 결혼 생활의 만족도는 신혼 때 가장 높고, 시간이 지날수록 떨어져 결혼 10~15년 차가 되면 불만족이 최고조에 이른다고 한다.

부부가 싸우는 건 더 이상 함께 살고 싶지 않아서가 아니다. 부부 싸움은 같이 살고 싶어서 하는 것이다. 그러므로 부부 싸움의 결말은 이혼이 아니라 행복한 가정을 만드는 것이어야 한다.

집이 오래 되면 리모델링을 한다. 도배도 하고 장판도 새로 하고 창문도 교체하고 가구들도 교체하면, 새 집 같고 기분도 좋아진다.

부부 사이도 리모델링을 해야 한다. 대부분의 아내가 남편에게 잔소리하고 공격적으로 대하는 건, 남편에게 사랑을 받고 싶어서다. 그런데 남편은 아내의 태도를 자신을 비난하는 것으로 받아들여 상처 입는다. 아내의 목소리가 커질수록 남편은, 상황을 회피하고 아내에게서 멀어지고 싶어 한다.

사랑하는 배우자에게 애정을 받고 싶어 하지만 방법을 잘 모른다. 결혼으로 남편과 아내가 얻고 싶은 건 '정서적 안정감'이다. 서로에게서 정서적 안정감을 얻지 못할 때 상처가 되고 위기가 찾아온다.

문제 없는 부부는 없다. 겉으론 좋아 보여도 속사정이 있게 마련이다. 원만한 결혼 생활을 하지 못하고 있으면서도 남의 시선을 의식해 원만한 부부 생활을 이어가는 것처럼 행동하는 쇼윈도 부부도 있다. 자녀가 입시만 치르면 이혼하겠다는 사람도 봤다.

그동안은 아이들이 어려 혹여 잘못될까 봐 참았지만 어른이 되면 더 이상 참지 않겠다고 말한다. 그런데 정작 남편은 아내의 이런 마음을 제대로 인식조차 못하고 있다. 부부 문제는 어느 한순간에 일어나는 게 아니라 아주 오랜 세월 축적되어 한순간에 폭발하는 경우가 대부분이다.

모든 부부는 행복하길 원한다. 그럼에도 불화를 겪으면 서로를 원망한다. 단점만 지적하며 마음에 상처 주는 사이가 되고 만다. 불화는 모든 부부가 경험한다. 제아무리 행복한 부부라도, 불화를 극복해나간 경험이 있다.

부부는 서로를 잘 안다고 생각하지만 사실은 모른다. 모르면서도 안다고 생각하는 고정관념이 부부를 불행하게 만든다. 우리는 배우자에 대해 거의 무지하다. 시간은 흘러가는 게 아니라 겹겹이 쌓이는 것이다. 문제를 해결하지 않고 불행을 쌓으면 더 불행해지고, 문제를 지혜롭게 해결하는 게 쌓이면 행복이 되는 것이다.

부부를 이어 주는 사랑의 언어

책 《5가지 사랑의 언어》에선 많은 커플이 상대방이 말하는 사랑의 언어가 뭔지 제대로 알지 못하기 때문에 오해하고 불화로 이어진다고 말한다.

사랑의 언어는 하고 싶은 말을 하는 게 아니라 배우자가 듣고 싶어 하는 말을 해 주는 것이다. 사랑의 언어는 다음과 같다.

첫째, '인정하는 말'로 칭찬, 격려, 축하, 부탁의 말이 여기에 속한다. 사사건건 질책하고 비난하는 게 아니라 서로 인정하고 지지하는 것으로 표현한다.

둘째, '함께하는 시간'이다. 단순히 물리적 공간에서 함께 있는 것만을 의미하지 않는다. 서로의 이야기를 귀 기울여 듣고 소통하는 감정적 공유와 친밀감이 포함되어야 한다.

셋째는 '선물'이다. 선물은 주는 것과 받는 것 모두를 포함한다. 돈이나 상품 같은 물질적 선물도 있지만 시간, 관심뿐 아니라 함께 있어 주는 것 등의 비물질적인 선물도 있다.

넷째는 '봉사'다. 서로 상대가 해야 할 일을 대신해 주고, 친구들과 시간을 보낼 수 있도록 자녀를 대신 돌봐 주며, 배우자가 돌아올 시간에 마중 나가는 것 등이 여기에 속한다.

다섯째, '육체적 접촉'이다. 잠자리는 물론 손을 맞잡고 입맞춤을 하며 서로의 등을 따뜻하게 쓰다듬어 주고 가볍게 포옹하는 것 등이 포함된다.

배우자가 당신에게서 어떤 사랑의 언어를 받길 원하는지 알고 이해하고 해 주고 그 시간들이 겹겹이 쌓일 때 가정은 행복해진다. 아무리 성공해도 배우자와 행복할 수 없다면 절반의 성공일 뿐이다.

아내는 남편에게 사랑의 말을 듣길 바란다. 하지만 남편은 아내를 사랑하는 자신의 마음을 아내가 누구보다 더 잘 알 거라고 생각하곤 굳이 말로 표현하지 않는다.

부부가 갈등을 겪는 건 성격 차이보다 남녀 차이에서 오는 경우가 많은데, 이런 갈등이 세월에 쌓이면 언제 터질지 모르는 핵폭탄이 된다. 부부 문제는 세월에 맡긴다고 좋아지는 게 절대 아니다. 오히려 시간이 흘러 겹겹이 쌓이면 불신의 늪으로 더 깊이 빠져들 수 있다.

부부 사이에 문제가 생겼다면 바로 해결점을 찾아야 한다. 빠르면 빠를수록 수월하게 해결할 수 있다.

부부는 각자 배우자를 이해하는 법을 배워야 한다.

여자는 남편과 정서적으로 깊이 친밀하다고 느낄 때 행복하다. 남편의 '사랑한다'는 말 한마디에 친밀감을 충분히 확인받는다. 한편 남자는 아내로부터 인정받았을 때 행복하다.

부부는 칭찬과 인정, 배려와 사랑의 정서적인 친밀감을 통해 행복감을 느낀다. 어느 부부든 갈등이 있다. 지금의 배우자가 아닌 다른 사람이 배우자가 됐어도 똑같이 갈등하고 불화하고 다퉜을 것이다. 갈등이 생겼을 때 어떻게 해결하느냐가 관건이다.

더 큰 꿈을 위해
묵묵히 걸어갈 것

나는 성공의 열쇠를 모른다.
그러나 실패의 열쇠는 모두의 비위를 맞추려 한다.

빌 코스비

행복하게 사는 이들은 사람을 만나면 자신과 같다고 여기기 때문에, 타인과 같이 있어도 긴장하지 않고 오히려 편안해 한다. 마음이 평온하기에, 쓸데없는 생각을 하지 않고 단지 그곳에 있는 것만으로도 안도한다.

하지만 자신이 행복한 것보다 타인에게 좋은 사람이 되려고 하는 이들은, 새로운 사람을 만나면 금세 초조해지고 불안해진다. 사람들을 모두 자신과 같다고 여기기 때문에, 누구를 만나고 어느 곳에 있어도 늘 걱정하고 두려워하는 것이다.

불안감이 팽팽한 사람은 몸과 마음이 모두 병들기 쉽다. 좋은 사람이 되려고 하는 이들은 늘 타인을 의식하며 살기 때문에, 불안한 마음이 손톱만큼만 솟아올라도 자신의 탓으로 돌리고 만다.

러시아의 어느 시골 마을에 발레리나를 꿈꾸는 소녀가 살고 있었다. 그녀는 꿈을 이루기 위해 발레 연습을 열심히 했고 또래보다 앞서 나갈 수 있었다.

소녀는 기량이 발전할수록 더 어려운 기술을 배웠다. 그만큼 실패하는 횟수가 많아졌다. 시간이 갈수록 소녀는 마음 깊은 곳에서 의구심이 들기 시작했다.

'과연 내게 재능이 있는 걸까?'

소녀가 자신의 재능에 대해 회의하고 고심하던 어느 날, 마을에서 세계 최고의 무용수가 방문하는 행사가 벌어졌다. 소녀는 자신의 재능을 확인하고자 행사장으로 달려갔다.

소녀는 무용수에게 간청했고, 마침내 그 앞에서 춤을 출 수 있는 행운을 얻었다. 소녀는 떨리는 마음을 추스르고 춤을 추기 시작했다. 무심한 눈으로 소녀를 바라보던 무용수는 1분도 채 지나지 않아 말했다.

"그만! 너처럼 뻣뻣한 아이는 처음 보는구나. 넌 재능이 없어."

청천벽력 같은 말이었다. 내가 재능이 없다니. 소녀는 부정하고 싶었지만 그럴 수가 없었다. 다름 아닌 세계 최고의 무용수가 내린 평가였다. 소녀는 재능이 없다는 사실을 인정하고 발레를 포기하고 말았다. 그 후 소녀는 평범한 가정주부가 되었다.

세월이 흐른 어느 날, 시골 마을에 그 무용수가 다시 방문하는 행사가 벌어졌다. 여인은 행사장에서 은퇴한 무용수를 만날 수 있었다. 여인은 그를 보자 좀처럼 풀리지 않는 의문이 하나 생각났다.

"오래전 당신은 이 자리에서 내게 재능이 없다고 말했죠. 그런데 요즘 들어 다시 생각해 보니 뭔가 이상한 점이 있어요. 당신이 아무리 세계 최고의 무용수라 해도 어떻게 단 1분 만에 어린 소녀의 가능성을 알아볼 수 있었죠?"

그는 예전과 다름없는 무심한 표정으로 말했다.

"당연히 알 수 없죠. 난 신이 아니니까."

여인은 멍해졌다. 한 소녀의 꿈을 포기하게 만든 장본인이 어떻게 그런 무책임한 대답을 할 수 있단 말인가? 여인은 그에게 온갖 비난을 쏟아 냈다. 그러자 무용수는 오히려 여인에게 소리쳤다.

"당신이 남의 말을 듣고 꿈을 포기했다면, 애초에 성공할 자격이 없었던 겁니다!"

자신의 인생은 타인이 아닌 자신의 몫이다. 내 잠재력을 펼치지 못하게 만든 장본인은 바로 나다.

인생을 살다 보면 수많은 변화와 위기에 부딪힌다. 쓰디쓴 좌절을 겪기도 하고 뼈아픈 패배감을 맛보기도 한다. 대개는 자신의 의지로 극복할 수 있지만, 때로는 타인의 평가에 한없이 무력해진다. 하지만 삶에서 맞닥뜨리는 모든 걱정과 불안은 대개 일어나지 않는다.

인생사
새옹지마

지금 일어나고 있는 불행의 원인은 교정되지 않은 과거에 있다. 과거와 현재는 인간의 구조 전체를 구성한다. 당신도 모르게 그 안에 지금까지의 모든 걸 담고 있는 것이다.

의식의 변화가 일어나면 현재와 미래에 변화가 찾아온다. 행복한 삶이란 기억할 가치가 있는 것들만 마음속에 간직하는 것이다.

그렇게 살지 못해 바로잡고 치유할 필요가 있다면, 가장 우선해야 할 건 생각을 새롭게 교정하는 것이다. 그렇지 않으면 계속해서 반복할 뿐이다.

사람은 환경의 지배를 받는다. 뇌는 보고 느끼고 생각하는 프로그램을 끊임없이 입력한다. 몸은 뇌가 입력한 프로그램대로 움직인다. 95퍼센트의 사람들이 입력된 프로그램대로 주어진 운명처럼 살아간다. 주어진 운명대로 살지 않기 위해선 새로운 프로그램을 입력해야 한다. 책을 읽고 성공한 사람들의 프로그램을 입력함으로써 삶을 새롭게 창조할 수 있다.

인생사 새옹지마라는 말이 있다. 중국 국경 지방에 한 노인이 살고 있었다. 어느 날 노인이 기르던 말이 국경을 넘어 오랑캐 땅으로 도망쳤다.

이웃 주민들이 위로의 말을 전하자 노인은 "이 일이 복이 될지 누가 압니까?"라며 태연자약했다.

몇 달이 지난 어느 날, 도망쳤던 말이 암말 한 필과 함께 돌아왔다. 주민들은 "노인께서 말씀하신 그대로입니다" 하며 축하했다.

그러나 노인은 "이게 화가 될지 누가 압니까?"라며 기쁜 내색을 보이지 않았다.

며칠 후 노인의 아들이 그 말을 타다가 낙마해 다리가 부러지고 말았다. 마을 사람들이 다시 위로의 말을 전하자 노인은 역시 "이게 복이 될지도 모르는 일이오"라며 표정을 바꾸지 않았다.

얼마 지나지 않아 북방 오랑캐가 침략해 왔다. 나라에서 징집령을 내려 젊은이들이 모두 전장에 나가야 했다. 그러나 노인의 아들은 다리가 부러진 까닭에 전장에 나가지 않아도 되었다.

인간 세상에서 일어나는 모든 일을 눈앞에 벌어지는 결과만으로 판단하고 또 연연해하지 말라는 가르침이다.

작은 실패에 마음을 빼앗기면 정신 상태가 해이해지기 마련이다. 정신 상태가 해이해지면 허송세월을 보내기 쉽다. 성공한 사람들은 어떤 시련에도 아랑곳하지 않고 한길로 간다.

행복한 인생 후반을 위해 절제하는 습관을 들여야 한다. 놀 땐 즐겁지만 곧 후회와 자책만 남게 되고 삶을 공허하게 만든다. 이런 삶은, 시작은 좋은 것 같아도 끝은 좋지 않을 때가 많다.

참을성이 없으면 작은 실패에도 다른 걸 찾고 결국 아무것도 이루지 못한다. 어떤 일이든 처음부터 뜻대로 되는 건 없다. 짧게는 몇 년, 길게는 몇십 년 동안 심혈을 기울여야 한다. 인생 후반 쓸쓸하게 살고 싶지 않다면 한 가지를 끝까지 이룬 후 다른 걸 시작하자.

성공한 사람들은 스스로 선택한 길에서 늘 절제하고 노력한다. 작은 성공에 심취하지 않는다.

주변 사람들을 보면, 미래를 보기보다 지금 당장 즐기기에 바쁘다. 큰 집을 사고 큰 차를 사고 목적도 없는 여행을 가고 부자의 취미 생활을 영위하려 한다. 인생에 가난과 불행을 불러들이는 것과 다름없다. 더 큰 꿈을 위해 묵묵히 자기 갈 길을 가자.

50대의 혼란은 꿈과 직업에 전념하지 않고 사소한 재미만 추구하기 때문에 온다. 지금 즐거우면 나중엔 궁할 수 있다. 당장의 즐거움을 포기하면 인생 후반에 진정 원하는 삶을 살 수 있다.

지금 일어난 일은
내게 꼭 필요한 일

절망할 수밖에 없는 형편이라도 절망하지 말라.
끝장난 듯싶어도 새로운 힘이 생기기 마련이다.

프란츠 카프카

갱년기가 오면 열과 땀이 많이 나는데, 자율 신경계의 불균형이 원인이다. 이 모든 건 뇌가 하는 일이다. 그래서 생각을 바꿔 뇌를 통제하면, 어느 정도 효과를 볼 수 있다.

열이 날 때마다 증상에 신경 쓰면, 얼굴이 걷잡을 수 없이 후끈거리며 땀이 흐른다. 그래서 증상이 나타나면 정신없이 다른 것에 몰두한다. 열이 오르다가도 내려간다.

화나는 일이나 신경에 거슬리는 일에 시선을 두면 증상은 점점 더 심해진다. '갱년기 증상이 아니야'라는 생각으로 편하게 받아들이면 된다. 뇌는 창조주의 명령과 같다.

인간은 행복하고 건강하게 즐기며 살 권리가 있다. 인생을 행복하게 살고 싶어 하는 사람은 그런 방향으로 살아갈 수 있다. 뇌의 엔도로핀은 즐겁고 행복한 의도대로 살길 바란다. 하지만 불평하고 화내며 의도에 맞지 않게 반대의 삶을 살아가고 있다면, 아무리 발버둥쳐도 인생은 불행해질 수밖에 없다.

한 여류 작가의 이야기다. 작가가 되기 전 그녀는 군인이었던 남편을 따라 캘리포니아주 모하비 사막 훈련소로 가게 되었다.

남편이 직장에 나가면 섭씨 45도를 오르내리는 지독한 무더위 속에서 오두막집에 달랑 혼자 남았다.

시도 때도 없이 모래바람이 불어 닥쳐, 입안에서 모래알이 씹히고 음식을 해 두면 금방 쉬었다.

몇 달 만에 심한 우울증에 빠졌다. 마침내 고향 부모에게 이렇게 하소연했다.

"못 견디겠어요, 차라리 감옥에 가는 게 나아요. 지옥 같아요."

그러나 아버지의 답장엔 두 줄만 적혀 있을 뿐이었다.

"감옥 문 창살 사이로 밖을 내다 보는 두 죄수가 있다. 하나는 하늘의 별을 보고, 다른 하나는 흙탕길을 본다."

이 두 줄이 그녀의 인생을 바꿔 놓았다.

그녀는 기피했던 인디언들과 친구가 되었고, 그들로부터 공예품 만드는 기술과 멍석 짜기 기술을 배웠다.

사막의 식물들도 자세히 관찰했다. 선인장, 유카 식물, 여호수아 나무 등, 살펴보니 너무나 매혹적이었다.

빨갛게 저무는 사막의 저녁노을에도 신비한 아름다움이 숨겨져 있었다.

그녀는 새로운 세계를 발견한 기쁨을 책으로 펴냈다.

사막은 변하지 않았다. 자신의 생각만 변했다.

생각을 돌리면 힘들었던 경험이 가장 흥미로운 경험으로 변할 수 있다는 걸 깨달은 것이다.

사막은 지옥이 아니라 온갖 경이로움과 평화가 가득한 천국이었다. 지옥은 스스로 세운 것이었다.

미국의 여류 작가 델마 톰슨의 이야기이다.

행복할 힘은
이미 내 안에 있다

지금 일어난 모든 일은 내게 필요한 일이다. 인생 후반, 영혼 안에 내재해 있는 불안을 치유한다면 인생을 바꿀 수 있다. 말을 바꾸고 생각을 바꿔라. 당신의 생각이 바뀌면 당신이 사는 세상도 바뀐다.

불평을 중단하고 모든 걸 내게 필요한 일로 받아들이며 부정적인 생각이 발신되는 주요 출구를 없애라. 당신은 갱년기와 우울증에서 벗어날 수 있다.

우리의 외부 세계는 우리의 내면 세계가 투사된 것이다. 우리가 타인과 맺는 관계는 우리 자신과 맺는 관계로부터 시작되는 것이다.

모든 건 당신 자신으로부터 시작된다.

델마 톰슨처럼 지금 있는 자리에서 할 수 있는 걸 찾으면 된다. 남을 원망하는 마음이 스멀거리면, 인생의 문제를 해결할 수 있는 고전과 자기계발서를 읽어라.

아무런 노력도 하지 않으며 인생에 닥친 문제를 해결할 순 없다. 어떤 건 완전히 포기해야 하며, 미뤄야 할 일도 있을 것이다.

이성의 잣대로 꼼꼼히 따져 보라. 내 뜻대로 할 수 있는지 할 수 없는지 살피고, 뜻대로 할 수 없는 거라면 과감히 버려라.

살다 보면 많은 위기가 닥친다. 부부 관계뿐만 아니라 경제 위기, 시댁 혹은 친정 그리고 자녀 교육과 관련된 위기가 오기 마련이다. 내게만 이런 위기가 온다고 하면 억울하고 세상을 원망하게 된다. 하지만 위기는 반드시 누구에게나 닥친다.

행복한 사람들은 위기를 잘 헤쳐 나갈 것이고, 불행한 사람은 위기를 크게 확대하기 때문에 극복하기 힘들다. 위기를 지혜롭게 헤쳐 나가지 못하면, 앞으로 나아가는 기회를 얻지 못한다.

《해리 포터》 시리즈의 작가 조앤 롤링은 이렇게 말했다.

"실패는 누구나 두려운 일입니다. 하지만 실패가 두려워 아무것도 하지 않는다면, 시작도 하기 전에 패배한 것이나 다름없습니다. 세상을 바꾸는 데 마법은 필요하지 않습니다. 그 힘은 우리 안에 이미 존재하고 있으니까요."

그녀는 20대 초반, 고향인 영국에서 포르투갈로 건너가 결혼한 후 2년 만에 이혼하고 무일푼으로 고향에 돌아왔다. 스물여덟 살에 이혼녀가 되어 아이와 단둘이 남아 정부 보조금으로 생계를 이어가야 했던 것이다. 보조금이 떨어져 분유마저 살 수 없을 땐 아기에게 우유 대신 맹물을 먹여야 했다.

그때마다 그녀는 품에 안긴 아이를 보며 이를 악물었다. 그리고 가장 소중하다고 생각하는 일에 몰입하기 시작했다.

매일 아침, 아기를 유모차에 태우고 공원을 걸으며 소설의 이야기를 구상했다. 아이가 잠들면 집 근처 커피숍에 가서 글을 썼다. 혼신의 힘을 다했고, 마침내 소설을 완성했다.

알다시피 그녀의 책은 날개 돋친 듯 팔렸을 뿐 아니라 영화로도 제작되어 역사에 길이 남을 시리즈로 남았다.

그녀가 힘든 환경에서도 힘을 낼 수 있었던 건, 재능이 뛰어나서도 아니고 좋은 남자를 만나고 싶다는 희망 덕분도 아니었다.

바로 '아이에 대한 뜨거운 사랑'과 자신의 꿈을 최악의 순간에도 믿어 주는 힘이었다.

나 또한, 나를 여기까지 이끌어 준 건 다름 아닌 세 아이와 나 자신이었다. 힘든 결혼 생활에서 남편, 아이들과 함께 행복해지고 싶었던 마음 하나뿐이었다.

남편의 대한 미움과 가난을 물려 준 부모님에 대한 원망을 내려놓고, 내가 할 수 있는 걸 찾기 시작하면서 마음이 편안해졌다.

지쳐서 포기하고 싶을 때마다 책을 읽으며 마음을 다독였다. 세 아이의 엄마이기에, 세상에 위대한 사랑이 있다는 걸 알게 되었다. 엄마이기에, 힘든 일도 견뎌 낼 수 있는 힘이 있었다.

당신도 지금 이 순간의 두려움을 이겨 내고 한 걸음 내딛길 바란다. 비록 힘든 상황에 처해 몸과 마음이 모두 지쳤을지도 모른다. 그럼에도 지금 내게 일어난 일이 내게 꼭 필요한 일이라고 생각하라. 그렇게 새로운 길을 찾는다면, 그 길이 행복으로 연결되는 시점이 반드시 올 것이다. 행복으로 갈 수 있는 힘은 이미 당신 안에 있다.

세상엔 의지대로 할 수 있는 일이 있고 의지대로 할 수 없는 일이 있다. 오로지 내 힘으로 할 수 있는 걸 내 것으로 생각하고, 타인에 의해 좌우되는 건 타인의 것으로 돌려야 한다.

내가 바꿀 수 있는 것들이 있고 바꿀 수 없는 것들이 있다. 모든 사람에겐 자유 의지가 있다. 내 의지로 할 수 있는 것과 할 수 없는 걸 구분하면, 삶이 물 흐르듯 자연스럽고 평화롭게 흘러가게 되어 행복한 삶을 살 수 있다.

삶은 생각보다 단순하다. 내가 할 수 있는 건, 열심히 행하고 할 수 없는 것들은 애써 붙잡지 않는 것이다.

내 의지로 직접 변화시킬 수 있는 건, 생각과 말과 행동이다. 내 생각과 판단, 욕망, 언어, 행동에 대해선 내가 내 의지대로 바꿀 수 있고 변화시킬 수 있다.

나로 살기 위한
6가지 방법

- 고통을 감수하고 진정한 변화로 나아가야 한다.

- 자신의 감정부터 면밀히 들여다보는 게 좋다.

- 자아실현의 욕구는 성장을 향한 동기에서 비롯된다.

- 부부는 사랑의 언어를 통해 서로를 이해할 수 있다.

- 흔들리지 말고 묵묵히 자기 갈 길을 가야 한다.

- 행복할 힘은 내 안에 있다는 걸 잊지 말자.

3장

오십부터는
멋지게
나이 들고 싶다

Let Me Be Myself

꿈꾸기에
오십은 늦지 않았다

꿈을 이루기에 늦은 나이란 없다.
당신이 할 수 있는 가장 큰 모험은 꿈꾸는 삶을 사는 것이다.

오프라 윈프리

부모님 세대만 해도 감정을 얘기하기보다 감정을 숨기고 살았다. 자신만 희생하면 된다는 생각에서 참았던 것이다. 그리고 자신을 위해 사는 방법을 생각하지 않고 가족들을 위해 모든 걸 희생했다.

보고 배우는 것의 힘은 세다. 어느 순간부터 나는 부모님의 자화상이 되어 남편만 바라보고 아이들만 생각하며 살고 있었다.

내 인생에 '나'는 사라지고, 누군가의 '며느리', 한 남자의 '아내', 삼남매의 '엄마'로서 살아갔다. 가장 중요한 '나'란 존재는 잊어버린 채 감정을 표현하는 법도 잊고 살았다.

결국 행복해지기 위해선 나를 되찾고 내 감정을 잘 표현하는 공부부터 해야 했다. 남들이 해서 좋아하는 게 아닌 오로지 나를 위한 감정 공부와 내 삶에 의미를 부여하는 공부를 시작했다.

이때부터 내게 공부란 단순히 자산을 늘리기 위한 게 아니라 '나만을 위한 공부'로 그 의미가 있었다. 건강을 챙기기 위해, 하루 30분 산책을 했다. 예쁜 몸매를 위해, 하루 15분 폼 롤러 스트레칭을 했다. 나를 위해, 번 돈의 10퍼센트를 투자했다. 자기계발을 위해, 책을 사고 좋아하는 일에 돈과 시간을 썼다.

그러며 며느리, 아내, 엄마 역할도 병행했다.

시간이 흘러 3년이 지난 지금, 장사를 계속하면서도 작가가 되어 두 권의 책을 냈고 동기부여가가 되어 많은 이에게 희망을 전할 수 있게 되었다.

나는 밤마다 야경을 보며 또 다른 꿈을 꾸고 있다. 내 방은 이제 아이들을 위한 공간이 아닌 오로지 나만을 위한 공간으로 변했다. 나만의 서재가 생겼고 나만의 공간에서 블로그에 글도 올리고 유튜브도 찍는다.

50대 이후엔 모든 엄마가 그 무엇보다도 소중한 '자기 자신'을 위해 행복해져야 한다. 지금까지 남편과 아이들을 위해 희생하며 살아왔다면, 이제 나를 위해 살아야 한다.

50대 이후엔 행복이 마음만으로 유지될 수 없다는 사실을 잘 안다. 아이에게 미안해하고 남편을 원망하는 대신, 하고 싶은 일을 마음껏 하지 못하는 삶에서 하루 빨리 벗어나 나를 찾는 공부를 하라.

나를 행복하게 해 줄 사람은 남편도 아니고 아이들도 아닌 바로 나 자신이다. 스스로 행복하지 않는 사람은 타인을 행복하게 할 수 없다. 당신의 힘을 되찾고, 당신의 삶에서 벌어지고 있는 모든 일을 당신이 만들었다는 걸 인정하며, 모든 책임을 아닌 내게 돌려야 한다. 인생을 행복하게 만드는 법은 다음과 같다.

1. 비난하고 합리화하고 불평하는 자신을 깨닫고, 그런 생각들이 들 때마다 노트에 적는다. 그 생각들이 사실인지 확인한다. 비난, 합리화, 불평은 결국 내게 돌아온다. 이런 행동이 갱년기 증상을 만들고 우울하게 만든다.

2. 하루를 마무리할 땐 잘한 일과 못한 일을 세 개씩 적는다. 잘한 일은 스스로에게 칭찬해 주고, 잘못한 일은 "내가 상황을 왜 이렇게 만들었을까?"를 생각한다. "더 나은 방향으로 만들려면 어떻게 해야 할까?" 하고 생각함으로써 자신의 인생에 책임지고 부정적인 영향을 긍정적인 방향으로 만든다. 당신이 타인을 탓하고 합리화하고 불평할 때마다, 당신은 어김없이 당신 자신을 불행하게 만든다.

3. 항상 긍정적으로 생각하자. 마음은 자석과 같아서 부정적인 건 부정적인 걸 끌어당기고, 긍정적인 건 긍정적인 걸 끌어당긴다. 그래서 부정적인 사람 주변엔 부정적인 사람밖에 없고, 긍정적인 사람 주변엔 긍정적인 사람밖에 없는 것이다. 미래를 생각하고 행복을 생각하는 긍정적인 사람들은, 남을 비난하거나 함께 모여 쓸데없는 수다로 시간을 낭비하지 않는다.

나는 내게 일어나는 일들을 노트에 적으면서 나쁜 감정들은 골라낸다. 의식적으로 버리지 않으면 부정적인 감정들이 쌓여 혼란스럽게 만든다.

노력 없인
미래를 기대하지 말라

어릴 적 꿈들도 노트에 적으며 최선을 다해 살아온 자신에게 다시 꿈과 희망을 선물하자. 꿈은 10대, 20대에만 꾸는 게 아니라 평생을 꾸는 것이다. 꿈을 이루기에 늦은 나이란 없다.

변호사이자 미술품 수집가이기도 한 멜링 카게는 탐사, 철학 및 예술 수집에 관한 책을 여러 권 저술했다. 그는 "우리에게 주어진 인생의 과제는 우리가 되고 싶은 사람으로 성장하는 것뿐이다"라고 했다. 그리고 "사람은 늙고 나이 들어서 새로운 도전의 꿈을 중단하는 게 아니라, 새로운 도전의 꿈을 접을 때 늙는다"고 말했다. 나 스스로 나를 한계 지을 때 늙고 병드는 것이다.

50대에 이른 우리뿐만 아니라 꿈 없는 10대, 20대 친구들의 얼굴을 보면, 활기찬 모습은 없고 어깨는 축 처져 있다.

"사람은 쉽게 변하지 않는다"는 말을 자주 듣는다. 그러나 잘 모르고 하는 소리다. 그 말은 고집 센 사람을 두고 하는 말이기 때문이다.

사람이 변하는 사례보다 그렇지 않은 경우가 더 많다. 세상의 틀에 갇혀 한 발짝도 움직이려 하지 않기 때문이다. 그들 대부분은, 자신은 늙고 아무런 능력도 없다고 말한다.

60여 년간 이뤄진 에딘버러대 심리학 연구에 따르면, 성격은 아주 다르게 변한다. 60년 전 성격과 60년 후 성격은, 비록 같은 사람이지만 굉장히 많이 다르다는 것이다. 성격뿐만 아니라 좋아하고 싫어하는 것, 기술, 개성 등도 마찬가지다. 사람은 탁자나 책상처럼 고정되어 있지 않다.

사람은 생각하며 끝없이 성장한다. 우리는 자신에게 끊임없이 물어야 한다. 무엇을 해야 하는지, 어떤 사람이 되어야 하는지, 무엇을 얻기 위해 분투해야 하는지, 무엇에 가치를 둬야 하는지 말이다.

누구나의 10대, 20대, 30대, 40대는 분명히 다 다를 것이다. 좋아하는 음식도, 성격도, 만나는 사람도 많이 바뀌어 있을 것이다. 우리가 변하지 않는다고 생각하는 사람들 역시, 계속 변해 왔고 앞으로도 변할 게 분명하다.

과학 기술이 아무리 발전해도 우리는 상처받기 쉽다. 나라는 존재와 불안, 유한성을 극복하는 데는 결코 도움이 되지 않는다. 과학 기술은 우리가 누구인지, 원하는 게 무엇인지 알려 주지 않는다. 과학 기술만으론 결코 완전하고 영원한 만족을 얻을 수 없다.

아인슈타인은 "어제와 똑같이 살면서 다른 미래를 기대하는 건 정신병 초기 증세다"라고 말했다. 노력 없인 미래를 기대하지 말라는 뜻이다. 노력 없이 좋은 내일을 기대하는 자체가 무의미하다.

사람은 자신만의 고유한 방식으로 살아간다. 구체적으로 목표로 삼는 게 무엇이고 어떤 완성을 이루려고 하는가는, 그 사람의 고유한 근원적 신념에 달려 있다. '보통과 구별되게 다르다'

하이데거는 '자신이 유한한 존재임을 깨닫고 행동하는 사람만이 실존할 수 있으며 고유한 삶을 살 수 있다'고 말했다.

오십은 꿈꾸기에 늦지 않았다. 자신이 선택한 삶의 방식에 책임질 수 있을 때, 유한한 운명을 깨닫고 현실을 극복할 수 있다. 삶 전체를 후회 없이 끌어안을 때 자유를 긍정할 수 있다.

당신은 이미
특별한 사람입니다

스스로를 신뢰하는 순간 어떤 삶을 살아야 할지 깨닫게 된다.

요한 볼프강 폰 괴테

행복한 사람들의 삶을 들여다보면, 자신에게 일어난 일들을 기꺼이 받아들이며 발전의 밑거름으로 이용하려 한다. 자신에게 일어난 나쁜 일을 타인에게 돌리지 않고 역경 속에서 축복을 찾아낸다. 결국 행복까지 나아가는 것이다.

나는 남편에게 늘 인정과 사랑을 기대했다. 하지만 화내고 불평하고 비판하며, 내 불안정한 상태를 보상받으려 했다. 내가 병들어 있는 것도 모르고 남편에게 전가시키고 있었다. 타인을 아프게 하는 이는, 자신이 아프진 않은지 먼저 돌아볼 필요가 있다.

나는 안정적이고 행복한 사람이 되기 위해 3년 동안 나에 대한 거의 모든 걸 바꾸려고 노력했다. 행복한 사람이 된다는 건 있는 그대로의 나를 받아들이는 거라는 걸 깨달았다. 이런 경험을 통해 얻게 된 건, 불안정하지 않은 사람이 되기 위해선 스스로의 불안정함을 편하게 받아들여야 한다는 것이었다.

자기 자신에게 절망하거나 자기 자신에 대해 변명하고 비난과 불평을 통해 타인에게 맞추기보다, 고통스러운 불안정의 시기를 받아들여야 한다. 그 과정을 거치는 동안 나를 끊임없이 지지해야 한다.

내가 불편하거나 슬프거나 약하거나 쓸모없다고 느낄 때에도 "나는 괜찮아, 지금 이대로 충분해" "노력하고 있잖아, 그걸로 충분해" "오늘도 또 하나를 알게 되었잖아, 나는 정말 대단해"와 같이 생각하자 기적 같은 일이 일어났다.

내가 내 불안정함에 안정감을 느끼면서, 불안감을 느끼는 횟수도 줄어들고 불안감을 느끼는 시간도 짧아졌다. 조금 부족한 나를 받아들이고 인정하면서 편안함을 느낄 수 있었던 것이다. 인간은 모두 불완전한 존재라는 걸 깨닫는 순간, 마음은 고요해지고 평안해진다.

나의 불완전함을 인정하듯 타인의 불완전함을 인정하는 순간, 긍정적인 변화는 시작된다.

당신이 긍정적인 변화를 유도한다는 명목으로 타인을 비난하면 안 되는 이유다. 마찬가지로 긍정적인 변화를 위한다는 명목으로 당신 스스로를 비난해서도 안 된다.

때때로 내면에서 비판적인 목소리가 나올 때 알아차리고 "응, 알고 있어. 하지만 이젠 그게 내가 아니라는 걸 잘 알아. 나는 행복한 것만 찾을 거야"라고 말한다. 그리고 다른 걸 찾는다. 책을 읽어도 좋다. 노래를 크게 틀곤 집안일을 해도 좋다. 산책을 하는 것도 좋다.

내 감정을 있는 그대로 받아들이는 것만으로, 내면의 비판적인 생각은 아무런 방어도 하지 못한 채 사라져 버리고 만다. 우리 모두의 마음속에 작은 악마가 있다고 생각하자. 비난하기 좋아하는 내면의 목소리 말이다.

내 마음속 악마는 으르렁거리며 머릿속을 혼란스럽게 하고 돌아다닌다. 내가 녀석의 신랄한 비평을 잠재우려고 하면, 녀석은 더 크게 떠들어 댄다. 하지만 이제 나는 그 녀석과 친구가 되어 말한다.

"내 안의 잘못된 점을 찾아내는 데 있어 너는 정말 최고야. 네가 나를 사랑하기 때문에 그렇게 한다는 걸 이제 잘 안단다. 하지만 괜찮아. 아무 문제없어, 나는 충분히 행복해. 나는 행복만 생각하고, 행복만 말할 거야."

내 삶에서 모든 건 완벽하다.

나는 독특하고 특별하고 완전하다.

내가 원하는 건 다 이뤄진다.

나는 원하는 걸 다 할 수 있다.

나는 원하는 걸 모두 선택할 수 있다.

내가 사는 세상은 모든 게 순조롭다.

내가 사는 세상을 나만의 방법으로 창조한다.

벽에 붙여놓고, 수시로 말하며, 당신 스스로를 응원하라.

당신이 바라는 것만
끌어당겨라

자존감이 높은 사람들은 자신의 능력을 발휘하고 약점을 겸허히 받아들인다. 자기 자신과 매우 편안한 관계를 유지하고 있기 때문에, 타인에게 군이 자신이 얼마나 잘났는지 내세우지 않는다.

자신을 진정으로 사랑하면, 자신을 힘들게 하는 자아도 사라진다. 자신을 힘들게 하는 자아가 사라지면, 더 이상 자신이 우월하다는 걸 증명할 필요를 느끼지 못한다. 불평과 비난을 난무하는 사람들은 자신감이 없거나 자신의 가치를 확신하지 못한다. 자신의 소중함에 대해 늘 의구심을 갖고 있기 때문에, 인정받기 위해 잘난 척하고 불평하는 것이다.

자신들이 하는 일에 불평을 늘어놓는 이유 또한, 타인의 동정심을 끌어내 원하는 걸 이뤄 내지 못한 데 대한 변명에 불과하다. 자신에겐 아무런 문제가 없는 줄 아는 당신이 가장 먼저 할 일은, 불평하는 일을 그만두는 것이다.

당신은 이미 특별한 존재라는 사실을 알게 되었다. 이제 당신은 불평불만하는 대신 인생을 특별하게 만들 수 있다. '특별하다'는 건 '보통과 구별되게 다르다'는 의미이다. 당신은 특별하다. 당신과 똑같은 사람은 이 세상에 없다. 당신은 당신의 DNA만큼이나 유일하다.

당신은 이 세상에 당신만이 가져올 수 있는 훌륭함을 지니고 있다. 당신은 당신 자신의 어떤 부분을 결함이라고 말할지도 모르지만, 결함을 지닌 그대로 당신은 완벽하다. 나는 나를 만들어 준 나만의 독특한 개성이나 특성들에 감사하면서 내가 특별한 존재라는 걸 알게 되었다.

있는 그대로의 나를 사랑하고 긍정적인 내용이 떠올랐다면, 그것만 쫓아가라. 자신의 몸 가까이에 있는 것들에 주의를 기울이고, 어디를 가든 어떤 일을 하든 누구를 만나든 기분 좋은 걸 보려고 하자. 기분 좋을 때 나의 '참 자아'는 더 큰 힘을 발휘할 것이다.

물리학자이자 심리학자인 아놀드 민델 박사는 이렇게 말했다.

"사람이 뭔가를 바라보는 건 결코 우연이 아니다. 그 뭔가와 리듬이 맞아 서로 끌어당길 때 바라보게 된다."

당신이 기분 좋을 때 당신을 즐겁게 해 줄 것들만 끌어당기게 된다. 좋은 기분은 언제나 그 이상으로 바라는 모든 걸 가져다준다. 하루 일과를 시작할 때 기분 좋은 걸 찾고 행복하다고 느끼는 것에 주의를 기울여야 한다.

물론 부정적인 감정이 일어나는 순간도 있을 것이다. 인간의 뇌는 새로운 걸 받아들이는 데 오랜 시간이 걸리니 말이다.

당신이 살아갈 삶의 가운데에서 바라는 것만 끌어당겨라. 만약 성공을 경험하지 못했다면, 성공할 수 있다는 사실을 믿지 않았거나 성공했다는 사실을 인정하지 않았기 때문이다. 내가 살아가는 세상의 모든 건 완벽하다. 당신은 이미 특별한 사람이다.

내 삶의 주인공은
언제나 나이기 때문에

사람은 믿는 대로 된다.

안톤 체호프

고난 속에서도 희망을 가진 사람은 행복의 주인공이 되고, 고난에 굴복하고 희망을 품지 못하는 사람은 비극의 주인공이 된다.

레프 톨스토이는 장편소설 《안나 카레니나》에서 "행복한 가정은 서로 닮았지만, 불행한 가정은 모두 저마다의 이유로 불행하다"고 말했다. 사람도 마찬가지다. 행복한 사람들은 서로 닮아 있고, 불행한 사람들은 저마다의 이유로 불행하다고 말한다. "불공평하다" "불행하다"고 말하는 순간 인생은 불행해진다.

인간은 타인이나 집단과 비교하며 살아간다. 비교하는 순간 불공평한 게임에 빠지게 된다. 어떤 이는 태어날 때부터 백만장자의 아들일 테고, 어떤 이는 태어날 때부터 부모가 없는 고아일 테다. 미국에서 태어날 수도 있고, 북한에서 태어날 수도 있다.

행복하게 사는 사람들은 남의 것을 부러워하지 않는다. 타인의 것을 부러워하는 순간 타인의 삶에 휘둘리며 살게 된다.

우리는 어릴 적부터 학교에서 그리고 가정에서도 비교하며 자랐다. 자연스레 비교하는 습관에 길들여졌다. 우리는 타인의 행동을 바탕으로 내게 무엇이 좋은지 판단하고 비교한다.

나는 매사를 남과 비교하며 내가 하염없이 부족하다고 생각했다. 어릴 적 가난한 환경에서 자란 게 트라우마로 남아, 타인과 나를 비교했고 인생이 불공평하다고 생각했다.

남편의 행동에 기준점을 세워놓고 늘 불평불만을 건넸다. "당신과 나는 불공평해, 당신은 허구한 날 바깥으로 나도는데 난 애들 데리고 집에만 있어야 하잖아!"라고 말하곤 했다.

남편이 하나를 가지면 나도 하나를 가지려 했고, 내가 이런 식으로 행동하면 상대방도 똑같은 방식으로 행동하길 바랐다.

우리에게 일어나는 문제가 남편 때문이라고만 생각했다. 나는 우리의 결혼 생활에 개선할 수 있을 만한 부분이 있는지 생각해 보지 않았고, 툭하면 울분을 느끼며 불공평을 바로잡는 데 사로잡혔다.

그 불공평이라는 게, 생각이 만들어 낸 것일 뿐 실체가 아니었는데도 말이다.

내가 갱년기를 극복할 수 있었던 건, 비교하는 일을 그만두고 남편에게 빚진 기분을 느끼지 않으며 내가 원하는 걸 추구했기 때문이다. 3년 동안 밤낮 가리지 않는 생존 독서로 내가 바라는 삶을 생각하게 되었다. 어릴 적 꿈을 다시 찾기로 했을 때 나의 심장은 다시 뛰기 시작했고, 절망의 터널에서 벗어날 수 있었다.

공평함은 외부 지향적인 개념이다. 자신의 삶에 대한 책임을 회피하는 한 가지 방법일 뿐이다. 불공평하다고 생각하지 말고, 진실로 원하는 게 뭔지 결정하고 달성하고자 전력을 다하라.

진실로 원하는 게 뭔지 알게 되면, 타인이 뭘 원하고 뭘 하고 있는가에 상관하지 않을 것이다.

사람들은 자신만의 세계를 가지고 살아간다. 비교하며 타인을 비난한다면 긍정적인 변화는 기대할 수 없다. 어떤 이는 더 적게 일을 하고도 더 많은 돈을 벌고, 스펙이 좋아 빨리 승진을 하기도 할 테다.

배우자와 아이들은 항상 내 기대와 어긋나기 마련이다. 모든 걸 타인이 아닌 내게 초점을 맞추면, 나를 가로 막고 나를 화나게 하던 불평들이 모두 사라질 것이다.

내 삶의 주도권은
언제나 나한테 있다

삶은 수많은 선택이 모여 만들어진다.

인생을 바꾸고 싶고 똑같은 삶을 더 이상 반복하고 싶지 않다면, 반복되는 일상에서 벗어나야 한다. 살다 보면 하루에도 몇 번씩 화나고 짜증나고 기분 상할 일이 생긴다. 인생이 갈수록 나아지지 않고 힘들다며 쓸데없는 지식과 경험을 고집해 왔기 때문이다.

타인에게 주워들은 지식과 경험은 내 것이 될 수 없다. 그동안의 쓸모없는 지식과 경험을 버리고 새로운 지혜와 깨달음으로 인생을 다시 바라봐야 한다.

사람은 대부분 타인의 경험과 생각을 당연하게 받아들인다.

헬렌 켈러는 대학 시절 영어 교수였던 찰스 코플랜드 박사를 만났다. 그는 헬렌의 글쓰기 실력이 어떤 학생보다 뛰어나다고 믿었다.

그는 헬렌에게 남들이 흔히 쓰는 뻔한 글 대신 그녀만이 가지고 있는 특별한 글로 그녀만의 이야기를 써 보라고 권했다.

헬렌은 처음엔 비판 때문에 마음이 상했지만, 나중엔 그의 말이 옳다는 걸 알게 되었다.

이내 코플랜드 교수에게 편지를 썼다.

"저는 언제나 타인의 경험과 생각을 당연하게 받아들였을 뿐, 저만이 가진 생각과 남다른 경험을 글로 쓸 생각을 해 본 적이 없었습니다. 저는 다른 학생들과 똑같아지려고 온 힘을 다했습니다. 하지만 이제부턴 저 자신으로 돌아가 저만의 삶을 살기로 했습니다. 그리고 생각이 떠오를 때마다 글로 옮기기로 했습니다."

헬렌은 자신만의 글을 썼다.

그러던 어느 날 헬렌의 재능이 미국의 유명한 잡지 〈레이디스 홈 저널〉 편집자의 눈길을 끌었다. 헬렌에게 살아온 이야기를 글로 써 달라고 부탁했다.

5회 연재하며, 원고료로 3천 달러를 주겠다고 했다. 당시 직장인 평균 연봉이 700달러였으니, 4년치 연봉을 합한 것보다 많은 돈이었다. 학비와 생활비를 마련하고자 언제나 힘들게 일했던 헬렌에게 기회가 온 것이다.

헬렌 켈러는 장애를 안고 살아야 하는 사람들과 가난한 사람들을 위해 평생을 바쳤다. 그녀는 "행복해지는 가장 간단한 방법이 뭐냐고 누가 묻는다면, 선을 행하는 거라고 대답하겠다"고 말했다. 행복해지려면 행복을 낳는 일부터 해야 한다, 즉 선행을 하는 것이다.

헬렌 켈러는 사람을 사랑하고 선을 실천하며 행복하게 살았다. 그녀는 어둠 속에서 살았지만 촉각, 후각, 미각으로 세계와 접촉하고 수화, 점자, 입술 읽기로 세상을 보고 듣고 배웠다.

몸의 감각을 통해서만 세상을 본 게 아니라 상상력과 아름다운 마음의 눈으로 봤다. 볼 수 있는 사람들보다 더 많이, 더 깊이 세상을 보고, 이해하고, 깨달았다.

헬렌은 사람이 지닐 수 있는 가장 큰 장애를 짊어지고 괴로워했지만, 용기를 잃거나 굴복한 적이 없다. 언제나 어려움을 딛고 다시 일어섰다. 마음의 눈은 언제나 미래를 향해 있었다. "나는 낙관주의자이기 때문에 행복하다"면서 "낙관주의가 나의 신앙"이라고 말했다.

인생 후반, 50대는 눈가의 주름이 꽃보다 아름다운 나이다. 우리는 날마다 온화한 마음으로, 활기차게 그리고 뜨겁게 감사하는 마음으로 살아야 한다. 하지만 앞으로 수많은 날이 남아 있을 거라고 생각해 감사하는 마음을 곧잘 잊어버린다.

먹고 마시며 즐기기만 하기엔 너무나 아까운 인생이 우리에게 주어졌다. 죽음의 그림자 속에서 살고 있거나 살았던 사람들은, 그들이 하는 모든 일에서 기쁨과 행복을 느낀다.

내 삶의 주도권은 언제나 나한테 있다. 어떤 상황에서 고통받을 것인지 말 것인지 또한 내가 결정하는 것이다. 같은 일을 하더라고 어떤 마음으로 하느냐에 따라, 고통스러울지 즐거울지 결정된다.

헬렌 켈러는 장애의 몸을 가졌지만 결코 자신을 타인과 비교하지 않았다. 대신 가장 잘할 수 있는 걸 찾았고 자신의 배역을 기꺼이 받아들였다. 할 수 없는 것보다 할 수 있는 것에 집중했다. 언제나 내 삶의 주인공은 나다.

무언가를 완벽하게 이해하려면 경험해 봐야 한다. 무엇이든 내면화하고 경험해 보지 않으면 이해할 수 없다.

운동, 자전거 타기, 사랑도 예외는 아니다. 하지만 우리 사회는 그저 말과 훈계로만 가르친다.

교사는 학생들에게 경험이 아닌 설명과 교과서를 통한 배움만을 강조했다. 학생들이 잘 이해하지 못하면 이상하게 여겼다. 부모들 또한 생각하는 법이나 행동하는 법을 훈계하고 이해하지 못하면 비난하고 꾸중했다. 이해는 오로지 행동을 통해서만 가능하다.

내 인생은
오롯이 나의 것이다

배움 없는 자유는 위험하며,
자유 없는 배움은 헛되다.

존 F. 케네디

우리가 행복을 느끼지 못하는 이유는 자신에게 맞지 않는 걸 원하기 때문이다. 우리는 작은 것에 행복해하는 법을 잊고 살아간다. 항상 더 많은 재산, 더 큰 기회, 더 넘치는 풍족함을 찾으려 하고, 그게 우리에게 행복을 가져다주는 유일한 수단이라고 생각한다.

대부분의 사람이 현재 자신이 처한 고통과 어려움을 어린 시절의 경험 때문이라고 불평한다. 우리는 과거로 돌아갈 수 없다. 돌아갈 수 없는 과거를 불행의 원인으로 돌리며 한탄만 하는 건 정말이지 엄청난 시간 낭비다.

어렸을 적 하고 싶었지만 못했던 게 있다면, 지금이라도 시도해 보길 바란다. 마음대로 해 보지 못한 게 있다면, 지금이라도 해 보자. 과거의 불행을 한탄하고 불평만 하고 있는 건 지금의 현실에 아무런 도움이 되지 못할뿐더러, 당신을 더 불행하게 만들 뿐이다. 과거에 놓치고 하지 못하고 잃었던 게 있다면, 지금이라도 찾고 실행하자.

우리나라 화장품 업계 신화로 통하는 박형미 씨는 대학을 졸업한 뒤 직장에 잠깐 다니다 결혼했다. 결혼과 동시에 남편이 그녀에게 직장을 그만두라고 했다.

그런데 아이를 낳자마자 남편이 사업에 실패해, 평생 갚아도 절대 갚을 수 없을 만큼의 엄청난 빚더미에 파묻혀 버렸다. 밤이면 밤마다 사채업자들이 찾아와 행패를 부렸다. 갓난아기 딸에게 우유를 사 줄 돈조차 없었다. 하도 막막해 몇 번이나 자살을 결심하기도 했다.

그녀는 남편을 원망하며 그가 자신의 인생까지 망쳤다고 생각했다. 시댁 식구, 남편 친구들, 남편과 관련된 사람은 모두 다 원수처럼 여겨졌다. 남편을 탓하고 원망하며 신세 한탄만 했다.

하지만 갓 태어난 어린 딸은 어떻게든 먹여 살려야 했다. 우유 값이라도 벌어 볼 일념으로 구인 광고를 뒤졌다. 하지만 시내버스 토큰 하나 살 돈조차 없었다. 옆집 아줌마에게 토큰 세 개를 빌려 화장품 회사를 찾아갔다.

영업사원 교육 시간에 정신교육을 받았다. "내 생각이 머무는 곳에 내 인생이 있습니다. 내가 불행하다고 생각하는 모든 건 내 탓입니다. 남을 탓하는 습관부터 버리세요!"라는 말을 들었다.

이 말에 남편만 탓하던 자신의 모습을 직시할 수 있었고, 그 순간부터 세상을 전혀 다른 눈으로 보기 시작했다. 남을 탓하던 시각에서 벗어나니, 스스로 할 수 있는 것들이 보이기 시작했다. 시각을 바꾸니 행동이 바뀌기 시작했다. 첫 보름 동안은 단 한 건의 주문도 받지 못했지만, 자신의 능력 부족을 인정하고 음식점 종업원들을 상대로 밤을 새 가며 세일즈 연습을 했다.

노력 끝에 그녀는 세일즈 여왕이 됐고, 입사 2개월 만에 판매 실적 전국 1위를 이룩했다. 실력을 인정받아 2001년엔 상고 출신으로 부회장에 올랐다.

2005년엔 연봉 12억 원의 부회장직을 박차고 나와 전 재산을 털어 파코메리라는 화장품 회사를 세웠다.

화장품 분야 전문가를 양성하고 여성들이 인간답게 근무할 수 있는 직장을 만들겠다는 뜻을 품었다.

그녀는 일개 판매사원으로 화장품을 파는 게 아니라 화장품 회사를 대표해 나온 사장이라는 마인드를 지녔던 경험으로, 성공을 꿈꾸는 여성들에게 "나를 세일즈하라"고 충고한다. 20년 전, 단지 상황을 바라보는 시각을 바꿔 벼랑 끝 인생을 역전시켰다.

무엇을 믿느냐에 따라
현실이 결정된다

사람들은 자기가 어떤 사람인지 인식하지 못하고 지낸다. 하지만 살다 보면 신경 쓰이는 일이 생기기 마련이다.

예컨대 누군가가 당신이 하는 일을 무시하거나 당신을 거부할 경우, 당신은 내면으로 초점을 맞추게 된다. 그리고 자신이 가치 있는 존재인지 또는 사랑받을 만한 존재인지 의문을 품기 시작한다.

'지금 내가 잘하고 있는 걸까?', '남들 눈엔 내가 어떻게 보일까?'라는 생각에 휩싸여 있다면 강박적일 수 있다.

강박적인 사람은 자신을 표현하는 게 자유롭지 못하다. 지나치게 억누르거나 허세를 부리기도 한다. 자신의 모습을 너무 의식하며 사는 일은 건전한 소통에 방해가 된다.

《바보 빅터》는 17년 동안 아이큐가 73인 줄로 알고 바보처럼 살았던 아이큐 173 멘사 회장의 이야기다.

유난히 수줍음 많고 내성적인 성격과 말 더듬는 버릇 때문에 학교에서 늘 놀림을 당하는 빅터. 아버지가 "누가 뭐래도 너는 세상에서 제일 똑똑한 아이야, 마음만 먹으면 뭐든 할 수 있어"라며 기운을 북돋웠지만 빅터는 현실을 너무 버겁게만 생각했다.

아침마다 학생들의 놀림과 따돌림 세례를 받고서야 스쿨 버스에 오를 수 있었다. 학교에선 아무도 그에게 다가가지 않았다.

설상가상으로 아이큐 테스트에서 73이란 점수를 받은 뒤로는 아예 '바보' 빅터가 되었다.

따돌림은 나날이 더해 가고 급기야 담임 선생님마저 "바보에게 공부는 필요 없으니 장사나 배우라"며 자퇴를 종용한다. 결국 빅터는 학교를 그만두고 이곳저곳에서 허드렛일을 하며 바보로 살아간다.

빅터는 어릴 때부터 말을 더듬는다는 이유로 저능아 타이틀에 갇혀 살았다. 또한 그가 당연히 아이큐 173이 아니라 아이큐 73이라고 생각해 버린 학교 선생님 때문에, 17년간 떠돌며 자신이 바보라는 걸 숨기며 살았다.

그는 항상 '왜? 왜?'라는 호기심이 많았고 한 IT 회사가 낸 수학 문제 광고를 풀어 특별채용까지 되었지만, 늘 자신이 바보라는 '믿음' 때문에 스스로를 계속 바보로 여겼다.

잃어버린 17년. 그동안 숫자에 속았고, 무시하는 사람들에게 속았고, 세상에 속았다. 하지만 인생의 책임은 타인의 몫이 아니었다. 빅터는 비로소 깨달았다. 자신의 잠재력을 펼치지 못하게 만든 장본인은 바로 자신이었다는 걸 말이다. 스스로 자신을 바보라 여겼음을.

남이 아닌 내 인생인데 정작 그 삶에 '나'는 없었다. 그저 세상이 붙여 준 이름인 '바보'로만 살았던 것이다. 온갖 위협이 자신을 세차게 흔들더라도, 가슴 속에 피어오른 불씨를 꺼뜨려서는 안 되는 것이다.

겉으로는 어찌할 수 없는 현실로 보인 것도 실은 저마다의 의지였음을 깨닫게 된다. 세상이 의도한 상황이란 애당초 가능하지 않다. 상황은 그냥 벌어질 뿐이고 해석은 그 상황에 처한 사람이 하는 것이기 때문이다. 대부분의 사람에겐 도저히 불가능한 역경도 어떤 이에겐 도전해 볼 만한 흥미로운 과제일 수 있다. 사람이 위대할 수 있는 건, 최악이라 불릴 수밖에 없는 상황에서조차 긍정과 희망의 힘을 만들어 낼 수 있는 존재이기 때문이다.

행복은 지식에 비례하지 않는다. 고난과 좌절을 겪어 보지 않은 사람은 없다. 혹독한 시련을 어떻게 받아들이느냐가 행복을 결정한다. 단 한 번에 오를 수 있는 산은 없다.

사람들은 정신의 힘을 과소평가한다. 정신은 정신일 뿐이고 현실에선 아무런 영향도 끼치지 못한다고 생각한다. 하지만 정신은 행동을 지배한다. 표지판을 잘못 본 등산객의 경우처럼, 정신은 육체에까지 영향을 미친다. 무엇을 믿느냐에 따라 현실이 결정되는 것이다.

'당신이 아름답다'고 믿으면 아름다운 사람이 되는 것이고, '당신이 똑똑하다'고 믿으면 똑똑한 사람이 되는 것이다. 주변의 누군가가 당신의 믿음을 조롱하고 비웃어도 당신이 스스로를 끝까지 믿어 준다면 당신은 끝내 당신이 믿는 사람이 된다.

중년의 뇌가
가장 훌륭하다

중년은 너무 이르지도 늦지도 않은 어정쩡한 나이다. 청년과 노년 사이에 끼어, 주목받지도 못하고 존재감도 덜하다. 그러면서 책임과 의무는 죄다 짊어지고 산다. 회사에선 살아남느냐 도태되느냐의 긴장 속에서 살고, 집에선 아이들 사교육비와 노부모 간병에 허리가 휜다. 아무도 중년을 황금기라고 부르지 않는다.

그런 중년을 인류가 조명하기 시작했다. 인류가 한 번도 가 보지 않은 100세 시대를 앞두고 '중년 연구'가 여기저기에서 꽃피고 있다. 중년의 뇌를 오랫동안 연구해 온 과학자들은 이렇게 말한다.

"중년의 뇌가 가장 똑똑하다."

중년의 뇌가 가장 똑똑하다니! 대부분의 사람은 의아해할 것이다. 40대에 접어든 중년의 대화엔 부척 지시 대명사가 늘어난다. "저기 가서 저거 가져와"라는 식으로 말이다.

알아듣지 못하면 "이거 여기 있잖아"라며 버럭 성질을 내기 십상이다. '거기', '그거', '이거', '여기'가 뭔지 머리에서만 뱅뱅 돌 뿐 도무지 고유명사가 입 밖으로 튀어나오지 않는다.

이름을 바꿔 부르는 건 또 어떤가. 나는 세 명밖에 없는 아이들 이름을 툭 하면 바꿔 부른다.

나뿐만 아이라 대부분의 중년이 그렇단다. 심지어 이름을 바꿔 부르고는 바꿔 불렀다는 사실조차 인지하지 못할 때도 많다. 이상한 낌새를 눈치 채고서야 "지금 내가 뭐라고 했지?", "역시 나이가 들면 어쩔 수 없어"라며 치부해 버리곤 한다.

이런 경험을 반복하면서 중년의 뇌는 의기소침해진다. 조선 시대 왕의 이름과 연대기와 시를 줄줄 외우고 생생히 기억하는 총기 넘치던 그 옛날 학창 시절을 회상하며 이렇게 말하는 것이다.

"이제 늙었어."

그런데 뇌의 능력은 기억력이 다가 아니라고 한다. 말실수를 해도 이름을 바꿔 불러도 툭 하면 깜빡해서 냄비를 태워도, 중년의 뇌는 가장 훌륭하다.

인지와 감정이
균형을 이루는 시기

케임브리지대 해부학자인 데이비드 베인브리지의 《중년의 발견》과 뉴욕타임스 의학 기자인 바버라 스트로치의 《가장 뛰어난 중년의 뇌》는 과학계의 파편화된 중년 연구를 집대성해, 가려져 있던 중년의 저력을 끄집어냈다.

"중년에야 비로소 신을 닮은 지혜와 이성과 기억력을 갖는다."
"중년의 뇌는 놀랍도록 유능하고 재주가 많다."
"더 똑똑하고 침착하며 더 행복하다."
"온갖 것들을 그냥 안다."

인지와 감정이 완벽한 균형을 이루는 시기, 경탄스럽도록 에너지가 효율적인 때, 리더를 하기에 적합한 나이가 바로 중년이다.

중년 뇌의 가장 유명한 연구는 펜실베이니아주립대 심리학자인 윌리스와 그의 남편 워너 샤이의 '시애틀 종단연구'다.

연구 대상이 방대하다. 1956년부터 40년이 넘는 기간 동안 무려 6,000명이 넘는 사람들을 대상으로 했다. 다양한 연령대를 대상으로 한 복잡한 인지능력 검사도 있었는데, 결과는 놀라웠다. 40~60대까지 중년의 성적이 가장 높았다.

여섯 범주 중 무려 네 범주인 어휘, 언어기억, 공간정향, 귀납추리에서 젊은이들을 능가했다. 뇌가 최고 수행력에 도달하는 시기는 성별에 따라 달랐다. 남성은 50대 후반에 정점을 찍었고, 여성은 60대에 들어서까지 계속 상승했다. 남성은 공간정향 검사에서, 여성은 어휘와 언어기억 검사에서 높은 점수를 받았다.

중년과 청년의 뇌력을 나란히 비교한 연구도 꽤 된다. 일리노이대 심리학자이자 신경 과학자 아트 크레이머는 항공교통 관제사처럼 빠른 의사결정을 요구하는 일에서 두 집단의 뇌를 들여다봤다.

처리 속도는 젊은 관제사들이 빨랐고, 컴퓨터 스크린을 보고 3차원 모습을 상상하는 능력이나 모호한 정보를 처리하는 능력은 같았다. 한편 관제사의 핵심능력 중 하나인 다른 비행기와의 충돌 피하기에선 중년 관제사가 젊은 관제사를 능가했다.

어떻게 이런 일이 가능할까? 뇌 과학자들은 중년에 이르러서야 모든 조각이 하나로 합쳐 인생 경험이 훨씬 더 많이 축적했기 때문 등으로 분석한다.

뇌 과학자들은 중년의 뇌가 다음 분야에서 뛰어나다고 말한다.

경험과 판단력: 나쁜 사람이나 잘못된 길을 알아보는 능력은 중년에 정점을 이룬다. 사회적 전문 지식, 타인의 인격을 판단하는 능력도 여기에 해당한다. 인생의 선택에 관한 여러 가지 가설적 질문에서 가장 지혜로운 사람들은 65세 전후이다.

재정적인 결정: 신경 경제학자에 따르면 저당이나 이자율 등 복잡한 금전 문제에서 50대가 가장 뛰어난 계산력을 보였다.

통합적 사고: 사물의 연관성을 보는 능력은 중년기에 절정을 이룬다. 패턴을 인식하고 적절한 결론을 이끌어 내는 능력이 강하다. 새로운 정보를 접하면, 젊은 뇌보다 처리 속도는 느리지만 이미 알고 있는 정보와 상관된 정보의 경우 훨씬 더 빠르게 처리한다.

요점 파악: 나이가 들면서 더 쉽게 주제를 이해하고 더 잘 기억하게 된다. 아이들은 단어를 주면 뜻과 이미지를 그대로 외우지만, 중년이 되면 넓은 범주의 의미로 이해한다. 글자 그대로의 기억은 청년기가 지나면 쇠퇴하지만, '요점 기억'은 노년 후반까지 더 좋아질 수 있다.

중년은 억울하다. 가장 똑똑하고 행복한 시기임에도 평가절하된 면이 있다. 이런 중년의 오해 이면엔 문화적인 문제가 웅크리고 있다. 노화는 '순차적 상실'이라는 단순한 인식 말이다. 또 그간 학자들이 중년은 건너뛴 채 노인들을 대상으로만 노화를 연구한 이유도 없지 않다.

많은 사람이 중년의 인생이 주는 귀중한 기적을 알지 못한 채 살아간다. 자신이 꽃보다 향기롭다는 걸 깨닫지 못하고 그저 운명만 탓하며, 헛된 곳에서 기적을 찾으려고 시간을 허비하고 있다.

대부분의 사람이 '나이가 들면 머리가 나빠진다'는 고정관념에 사로잡혀 반복되는 무료한 일상만 살아가는 것이다.

세상은 빠르게 변해 간다. 그러니 과거에 얽매여선 안 된다. 인생 2막을 멋지게 열어야 다음 세대도 보고 배운다. 우리 스스로 중년의 뇌가 가장 똑똑하다는 걸 믿고 행복한 인생 후반전을 만들어 나가야 한다.

나를 위해
에너지 넘치게 살자

청춘 시절에 갖가지 어리석은 행동을 경험하지 못한 사람은
중년이 되어 아무런 힘도 갖지 못할 것이다.

제임스 러셀 오웰

전 세계의 수많은 사람이 SNS 세상에 푹 빠져 있다. SNS는 최근 폭발적으로 성장하면서 커다란 관심의 대상이 되었다. 역사는 오래되지 않았지만 서비스 수가 많은 만큼 서비스의 특징 또한 다양하다.

스마트폰은 이젠 없어선 안 되는 소통 수단이 되었다. 스마트폰의 활성화로 전 세계 사람들과 소통할 수 있는 시대가 온 것이다.

돈 버는 수단도 다양해졌다. 돈을 한 푼도 들이지 않고 창업을 할 수 있다. 비용을 적게 들여 많은 돈을 벌 수 있는 시대가 온 것이다.

어릴 적 부모님께선 농사를 지으셨다. 당시만 해도 자식 잘 키우는 걸 농사에 비유하곤 했다. 부모님께선 비가 오지 않으면 농작물이 말라 애를 태웠고 비가 과하면 전전긍긍하셨다. 비가 많이 오거나 태풍 부는 날이면, 비닐 우비를 입고 비바람을 온몸으로 막아 내셨다.

뜨거운 햇살이 내리면 내려서 좋고, 햇살이 과하면 과해서 새벽부터 온몸을 땀으로 적셔야 했다. 그 땀으로 농작물을 적셔 내고 모자라면 모자라서, 과하면 과해서 하루도 정성을 소홀히 하지 않으셨다.

그래서 자식을 농사에 비유했으니 적절하고 딱 맞는 표현이라는 생각이 든다. 그 시절 대부분의 부모가 자식들에게 모든 걸 걸고 자식들만 바라보며 살았다. 그 시절엔 여성이 경제적으로나 법률적으로 남성과 동등한 권리를 갖는다고 생각하지 못했다. 지금은 농경 사회도 아닐뿐더러 3차 산업이 막을 내리고 있다. 하지만 의식은 여전히 3차 산업혁명 시절에 머물러 있다.

우리는 부모 세대와 다른 삶을 살아가야 한다.

4차 산업혁명 시대, 인공지능, 사물인터넷, 로봇기술, 드론, 자율주행차, 가상현실 등이 주도하는 시대를 살아가고 있다. 2016년 6월 스위스에서 열린 다보스 포럼에서 포럼 의장이었던 클라우스 슈밥은 "이전의 1, 2, 3차 산업혁명이 전 세계적 환경을 혁명적으로 바꿔 놓은 것처럼 4차 산업혁명이 전 세계 질서를 새롭게 만드는 동인이 될 것"이라고 밝힌 바 있다.

세상엔 남의 일에 신경 쓰고 간섭하며 사는 것보다 더 가치 있는 일들이 많이 있다. 우리는 그동안 소중한 시간들을 일하는 데만 써 왔다. 소중한 인생을 타인을 위해서만 소비한 것이다.

나는 독서를 통해 소중한 시간들을 소중한 사람들과 나누며 또 나를 위해 쓰는 법을 배웠다. 책을 읽고 글을 쓰면서 나를 찾았고, 뚜렷한 목표를 가지게 되어 부지런하고 에너지가 넘치는 삶을 살 수 있게 되었다.

목표를 세우고 확신을 갖고 하나씩 이뤄 가는 과정에선, 쉬지 않아도 피곤하지 않고 오히려 하루가 즐겁고 행복하다.

일을 하며 자투리 시간마다 책을 읽고 글을 쓴다. SNS를 통해 내가 깨우친 것과 나의 일상을 올리며 많은 사람과 소통한다.

유튜브와 인스타그램에 영상을 만들어 올리고 블로그에 글을 써 올리며, 누군가와 공유하는 기쁨도 있고 나날이 성장하는 재미 또한 쏠쏠하다.

처음엔 제대로 된 로고도 없었다. 좋은 촬영 스팟을 찾지도 못했다. 폰트도 시각적으로 좋지 못했다.

하지만 시청자와 공감하고 소통하는 재미가 있고 메일과 댓글로 응원을 받을 땐 진한 감동까지 느낀다.

내 인생,
목표 없이 흘러가지 않게

50대 여성들이 4차 산업혁명 시대를 기회로 삼았으면 좋겠다. 좋아하는 일을 하면서 돈까지 벌 수 있는 기회로 말이다. 좋아하는 일을 하며 살아간다는 건 축복이다.

평일에 열심히 일한 사람들은 주말 동안엔 쉬고 싶어 한다. 하지만 주말 내내 TV 앞에서 뒹굴거리기만 하면, 한없이 무기력해지고 새로운 목표를 세울 생각을 하지 못하기 마련이다. 목표 없이 흘러가는 대로 놔두면, 평생 굴레에 갇힌 삶을 살 수밖에 없다.

인생 후반, 4차 산업혁명을 통해 누군가의 딸이 아닌, 누군가의 아내가 아닌, 누군가의 엄마가 아닌 나의 이름으로 살아 보자. 갱년기를 겪는 사람들일수록 '이 지긋지긋한 상황에서 벗어나고 싶다'라는 말을 많이 한다.

나는 일을 하면서, 자투리 시간마다 책을 읽고 깨달은 부분들을 발췌해 유튜브와 인스타그램에 올린다. 홀로 기획, 촬영, 편집, 마케팅, 집필까지 하려면 일주일이 차고 넘친다.

정말 열정적으로 바쁘게 살았던 것 같다. 현실의 벽에 부딪히다 보면 포기하는 경우가 대부분이다. 하지만 얼마든지 상황을 바꿀 기회가 있다.

자신이 가진 강점을 무기로 주위 사람들로부터 신뢰를 쌓아 나가는 일은 하루아침에 이뤄지지 않는다.

드러나지 않는 곳에서 고군분투한 모든 과정은 가치가 있다. 자신이 꿈꾸는 이상적인 모습을 실현시키기 위해 배우고 몰두하다 보면, 결국 그 분야에서 독보적인 존재가 된다. 지식을 확장하고 기술을 익히며 새로운 경험을 통해 많은 걸 배우게 된다.

주변에서 늘 좋은 평가를 받는 사람들을 보면 다 이유가 있다. 그들은 모두 자신만의 차별화된 매력을 갖고 있다.

모두 고민을 안고 있다. 고민을 해결하는 건 개인의 성장과 발전에 꼭 필요하다. 해결하지 못한 고민은 평생 안고 살아가야 한다.

해결하지 못한 고민이 한두 가지가 아니라면 머릿속은 실타래처럼 뒤엉켜 있을 것이다. 나는 내가 안고 온 고민들을 해결하고 깨달은 과정에서 얻은 지식들을 나누고 있다.

평균 수명이 길어질수록 살아 내야 할 시간은 길어진다. 그 시간을 살아 낼 힘을 준비하지 못하면 어려움에 직면할 수 있다.

많은 여성이 자신을 찾고 생기가 돌아, 온 세상에 사랑의 향기가 가득하길 소망한다.

지금 있는 그대로의
나를 받아들이기

자기 자신을 평안하게 받아들이지 않는 한,
무엇을 소유하든 결코 만족하지 못할 것이다.
도리스 모르트만

행복한 삶을 살고 싶다면 가장 먼저 나를 사랑해야 한다. 자기 자신을 사랑하지 않고 소중히 여기지 않으면, 타인도 나를 소중하게 대하지 않는다.

나는 세상에서 가장 소중하다.
내가 없으면 이 세상은 존재하지 않는다.
내가 살아 숨 쉬고 행동해야 세상도 존재한다.

사람은 누구나 실수를 하고 잘못을 저지른다. 실수를 하거나 잘못을 저질렀을 때, 자신에게 화내고 원망할 게 아니라 사랑으로 이해하고 감싸야 한다. 그리고 부족한 점을 채우고 결점을 보완하면 된다.

자신을 사랑한다면 타인에게 무작정 도움을 바라지 말라. 시련과 위기의 본질을 제대로 바라보고 이해한다면 헤쳐나갈 수 있다.

나뭇가지에 주렁주렁 매달려 있던 열매가 갑자기 땅에 떨어지듯 당신에게도 시련이 닥칠 수 있다. 갑자기 시련이 닥쳐 곤경에 처해도, 자신을 자책하지 말라. 당신에게 시련이 닥친 건, 당신이 운이 없어서도 아니고 정신적으로 빈약해서도 아니다. 나뭇가지에서 열매가 이유 없이 떨어지듯, 당신에게 일어난 사건들 중 하나일 뿐이다.

땅에 떨어진 열매는 싹을 틔우고 햇빛을 받고 바람을 맞고 비도 맞는다. 땅의 영양을 빨아들이며 줄기가 굵어지고 조금씩 커 나간다. 추운 겨울바람을 맞고 거센 태풍을 견디며 마침내 큰 나무가 된다.

인생도 마찬가지다. 시련이 닥치지 않으면 아무 일도 일어나지 않는다. 무슨 일이 일어났을 때 그 일만 바라보고 있으면, 마치 힘든 일이 일어난 것처럼 생각하기 쉽다.

되돌아 보면, 갱년기 증상과 우울증의 힘든 과거가 있었기에 지금의 내가 있고 한 단계 성장할 수 있었다. 처음부터 두려워 시도조차하지 않았다면, 사소하고 쉬운 문제조차 혼자서 해결할 수 없었을 테다. 행복한 사람들은 어려움이 닥쳐도 혼자 힘으로 극복하려는 자세를 갖추고 있다. 자기 자신을 아끼고 사랑하며 자신의 가치를 믿고 있다.

어린 시절에는 마흔이 넘으면 어른스럽고 고상해질 줄 알았다. 마흔이 되면 마음이 넓어져 관대해지고 더 지혜로운 사람이 될 줄 알았다. 그러나 마흔이 넘은 나이에도 나는, 싱거운 농담을 즐기고 무시당하면 발끈한다.

나이가 들면 지혜로워져야 한다는 이상과 그렇지 않은 현실 사이에서 혼란스러운 삶을 살아오고 있었던 것이다.

대부분의 사람이 세상을 있는 그대로 또 객관적으로 보고 있다고 생각하지만, 사실은 자신이 살아온 환경 안에서만 세상을 경험했기 때문에 사는 게 힘들게만 느껴진다.

세상에 불만이 많은 사람일수록 왜곡된 세상을 살아간다. 누구나 마음속에 저마다의 사연을 품고 살아가는 것이다. 분노와 슬픔, 두려움에 떨고 있다면, 외부 세계의 아름다움이 눈에 들어오지 않는다.

그럴 땐 '이런!' 하고 소리를 지르고 이렇게 말하라.

"이 사랑스러운 인간아, 또 그러는구나!"

있는 그대로의 나를
격려하고 응원하라

우리는 부모가 우리를 대했던 방식으로 우리 자신을 대한다. 부모와 같은 방식으로 자신을 꾸짖고 벌을 주기도 한다. 나와 아이들 그리고 남편에게도 부모가 했던 똑같은 방식으로 대하곤 한다.

어릴 때 부모에게서 사랑을 듬뿍 받고 자란 사람들 역시, 같은 방식으로 자신을 사랑하고 격려하고 아이들과 남편에게도 같은 방식으로 사랑하고 격려한다.

"너는 제대로 하는 일이 하나도 없어."

"다 네 잘못이야."

당신은 얼마나 자주 이런 말을 들어왔는가?

"와! 정말 멋져, 네가 자랑스러워."

"난 너를 사랑한단다."

이런 말을 또 얼마나 자주 들어왔는가?

우리는 아주 어렸을 때부터 가치관이 형성되기 시작한다. 그러다가 믿음에 맞는 경험을 한다. 그렇게 인생을 살아간다. 같은 경험을 얼마나 많이 반복해 왔는지, 인생을 돌아봐야 한다.

갱년기의 우울증은 얼마나 오랫동안 문제를 갖고 있었는가를 보여 주는 것이다. 오랫동안 문제를 갖고 있었는지가 중요한 게 아니라, 그 문제가 인생을 얼마나 위협하는지가 중요하다.

갱년기 증상은 당신이 과거에 지니고 있던 생각과 믿음이 만들어낸 결과물이다. 지금 당신이 하는 생각들을 떠올려 보라. 부정적인가? 긍정적인가? 그 생각들이 지금의 당신을 만들었다. 그 생각들을 바꾸지 않으면 미래도 지금과 다르지 않을 것이다.

문제가 무엇이든 지금 일어난 일은 생각이 겉으로 드러난 결과이다. 우리의 생각이 어디에서 오는지는 중요하지 않다. 당신의 과거는 더 이상 아무런 영향력을 행사하지 못한다. 내 주위 사람들 대부분이 자신에 대한 부정적인 생각으로 고통받고 있다. 과거에 사로잡힌 채 서로를 비난하며 질책하며 살아가고 있는 것이다.

대부분의 사람이 자신을 부정한다. '나는 부족해', '나는 그럴 자격이 없어'라고 말한다. 완벽한 사람은 존재하지 않는데 말이다.

갱년기 이후의 마음가짐은 달라져야 한다. 내가 믿고 생각하고 말하는 게 내 미래를 만들기 때문이다. 지금 당신의 생각이 내일을 만들고 1년을 만들고 10년을 만든다.

지금 있는 그대로의 자신을 사랑하고 인정할 때, 50대 이후의 삶은 달라진다. 자신을 인정하고 사랑하고 신뢰하고 받아들여라. 당신의 머릿속에 새로운 생각을 만들어 내고 사랑을 말하고 멋진 인생을 이야기하라.

지금 있는 그대로의 자신을 사랑하고 인정한다면, 앞으로의 삶은 긍정적으로 변할 수 있다.

당신이 살면서 듣는 대부분의 조언은, 불행하게도 부정적이고 비판적이다. 당신에게 필요한 긍정적이고 구체적이고 건설적인 조언이 아닐 것이다.

당신을 괴롭히는 사람들이 부정적인 조언밖에 하지 못하는 이유는, 그들도 당신을 어떻게 도울지 모르기 때문이다. 그들의 조언은 일반적인 이야기일 뿐 구체적이고 건설적이지 않는 게 당연하다.

부정적이고 파괴적인 조언은 당신의 기분만 상하게 할 뿐이다. 우울하게 만들고 기운 빠지게 하고 하루를 망치게 한다.

인생의 행복과 꿈을 좇을 땐 긍정적이고 구체적이며 건설절인 조언을 해 주는 사람들이 절대적으로 필요하다. 꿈을 실현하고 싶다면, 당신 주변을 당신을 비판하는 사람 대신 당신을 응원하는 사람들로 채워라. 믿음은 자신을 행복하게 만들 수도 있고 불행하게 만들 수도 있다. 어떤 믿음을 가지느냐에 따라, 60세가 되고 70세가 되어 불행할 수도 있고 행복할 수도 있다.

멋지게 나이 들기 위한 7가지 방법

- 늙어서 도전을 못 하는 게 아니라, 도전을 안 했을 때 늙는다.

- 누구나 특별한 존재이기에 인생을 특별하게 만들 수 있다.

- 나만의 생각과 남다른 경험으로 나만의 삶을 살 수 있다.

- 내 인생의 책임은 타인의 몫이 아니다, 내 몫이다.

- 의기소침해질 필요 없다, 중년의 뇌가 가장 똑똑하다.

- 뚜렷한 목표를 가지고 에너지 넘치는 삶을 살아 보자.

- 자신을 인정하고 사랑하고 신뢰하고 받아들여라.

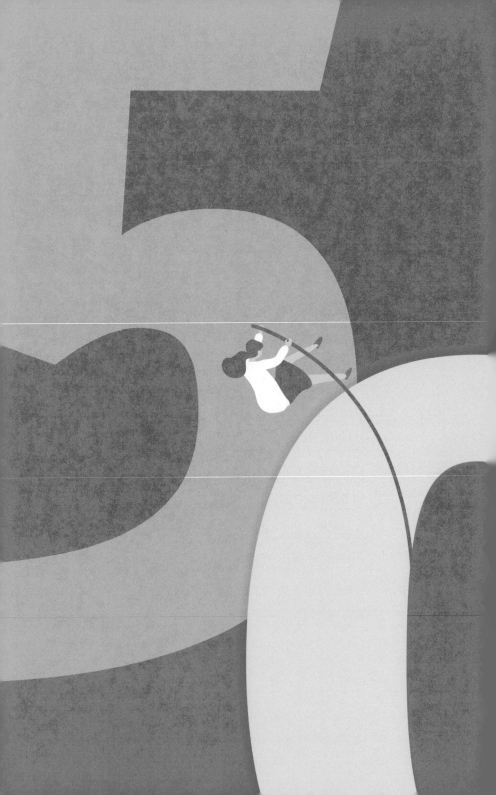

4장

오십부터는
건강하기로
했다

Let Me Be Myself

내면의 가치를
발견해 나가는 즐거움

자신을 사랑하면 모든 게 제대로 굴러간다.
성취하고 싶다면 자신을 진실로 사랑하라.

루실 볼

자기 자신을 있는 그대로 바라보는 건 쉬운 일이 아니다. 3년 동안 책을 읽으며 나를 있는 그대로 바라보는 게 가장 힘들었다. 자신을 있는 그대로 바라보기 위해선 자신에게 곤란한 질문을 해야 한다.

당신을 괴롭히는 걸 떠올려 보고 그게 왜 당신을 괴롭히는지 자문해 보라. 지금 내가 겪고 있는 게 꼭 갱년기 때문일까? 꼭 호르몬의 변화 때문일까?

방송이나 광고를 보면, 갱년기 원인이 여성 호르몬의 고갈 때문이니 호르몬만 보충하면 갱년기 증상이 해결될 것처럼 말한다. 그래서 여성 호르몬과 유사한 성분이 많이 들어 있는 석류나 칡, 하수오 등을 챙겨 먹으라고 권한다.

석류를 먹고 석류즙, 칡즙, 하수오까지 다 먹어 봤지만 증상은 개선되지 않았다. 약국에서 약을 사서 먹기도 하고 병원에서 처방받아 주사를 맞고 약도 먹었지만, 효과는 없었다.

모든 여성은 폐경 이후 여성 호르몬 분비가 감소하지만 모두가 갱년기 증상에 시달리는 건 아니다. 우리나라 여성 10명 중 6~7명은 자궁근종, 자궁 내막증과 선근종을 갖고 있다고 한다. 이런 증상들은 모두 여성 호르몬의 영향을 받는다.

언니 또한 갱년기에 접어들면서 석류즙과 칡즙을 먹었다. 그러나 부작용으로 하혈이 멈추지 않아 고생을 많이 했다. 이들 식품이 실제 얼마만큼 효능을 내는지는 명확히 밝혀진 바가 없다고 한다. 의학적 검증이 확실하지 않으며 효과 또한 미비하다는 의견도 많다.

보조 식품만 믿다가는 갱년기 증상이 악화될 위험성이 있다. 갱년기 증상이 여성 호르몬 부족으로 나타나는 건 맞지만, 해결책이 여성 호르몬 보충만은 아니라는 사실을 반드시 알아야 한다.

건강이란 단순히 질병에 걸리지 않거나 병약하지 않은 상태를 뜻할 뿐 아니라 신체적·정신적·사회적으로도 안전한 상태를 의미한다.

갱년기 증상 때문인지, 아랫배의 고통으로 일상생활이 불편했다. 고통이 시작되면 잠을 잘 수가 없었다. 진통제를 먹어도 듣지 않았고, 큰 병원에서 MRI 검사와 CT 검사를 몇 번이나 했지만 특별한 질병의 징후는 없다고 했다.

의사들은 현대 의학의 기준으로 '당신은 아무런 이상이 없습니다'라는 도장을 찍고 나를 돌려 보냈다. 그러나 나는 '뭔가 잘못되었다'는 생각을 지울 수 없었다.

현대인은 지속적으로 스트레스에 노출되어 있다. 여러 방법으로 스트레스를 해소하고 있지만, 미처 깨닫지 못하는 스트레스가 있다. 가랑비에 옷 젖는 줄 모르듯 오랜 세월 서서히 쌓여 가는 스트레스는 여간해선 알아차리기 어렵다.

당신은 건강하다고 생각하지만, 건강은 의료 검사에서 나온 수치만으로 완벽하게 판단할 수 없다. 내 주위엔 생활 습관 병으로 고통받는 사람들이 많다.

우리는 사물을 보고 판단할 때 "좋아" 또는 "나빠" 하는 식으로 비교하면서 모든 사람이 거기에 동의해야 한다고 생각한다. 하지만 그런 식으로 생각하는 건 우리 안에 있는 의식을 고갈시키고, 자신의 세계를 창조하는 에너지에 다가가기 어렵게 한다. 또 삶을 진정으로 사랑하기보다 살면서 이룬 성과들을 놓고 싸움을 벌이게 될 뿐이다.

나는 가끔 줄에 매달린 꼭두각시인 것처럼 느껴질 때가 있다. 우리는 물질 세계에서 살아간다. 하지만 물질이 전부는 아니다.

당신이 물질적 대비를 잘 살펴 걸러 낼 때, 당신의 내적 존재와 일치하게 된다. 당신의 느낌을 잘 돌아보고 좋게 느끼는 것들과 살아갈 때, 당신은 당신의 삶을 살아가는 것이다. 그때 당신이 느끼는 게 당신의 가치이다.

성장을 가져다줄, 즐겁고 기분 좋은 인생을 살겠다는 가치를 세워라. 우리는 이 인생이 아주 흥미진진하고 결실도 클 거라고 기대했다. 달리 말하면, 인생의 다양성이나 대조는 더 발전되고 더 확장된 소망을 갖도록 당신을 자극시킬 것이다.

내면이
평화로워야 한다

바라지 않는 상황에 처했을 때 당신은 그 일이 왜 일어났는지 해명하고 싶을 것이다. 왜 그런 상황을 맞이할 수밖에 없었는지 정당화시키기 위한 시도를 하게 될 것이다.

당신이 지금 스스로를 방어하고 있거나 정당화시키고 있거나 합리화하고 있거나 아니면 타인을 비난하고 있다면, 당신은 부정적인 걸 끌어당기고 있는 것이다.

왜 일이 바라는 대로 되지 않았는지 설명하고자 한다면 진짜 가치를 정할 수 없다. 긍정적인 가치와 부정적인 가치를 동시에 초점 맞추는 일은 가능하지 않다. 문제가 어디에서 시작되었는지 찾기보다 더 나은 경험을 갖길 바라는 가치에 목적을 둬야 한다.

누구보다 자신을 의지하는 사람이 가장 가치 있는 사람이다. 많은 재산을 상속받은 사람이 가치 있는 삶을 상속받았다고 할 수 없으며, 반드시 높은 지위에 오르는 것도 아니다. 최정상에 오르는 사람은 아무것도 없이 재산을 축적하고 자수성가한다.

어마어마한 재산을 남겼다 할지라도 자제심, 경험, 실력 등 재산을 모으기까지 필요했던 내적 힘을 물려주지 않았다면, 과연 가치 있는 걸 남겼다고 할 수 있을까?

성취감과 성장의 즐거움, 스스로 해냈다는 기쁨, 꼼꼼함, 예민함, 인내력, 판단력, 정직함, 예의 바른 습관 등 몸에 밴 태도는 물려줄 수 없는 것들이다. 가치 있는 기술, 지혜, 배려심, 통찰력은 지갑에서 꺼내듯 내줄 수 있는 게 아니다. 당신에게 가장 소중한 것이라도 자식들에겐 아무런 의미가 없을 수도 있다.

가치를 창출하는 과정에서 높은 지위를 유지하고, 재산을 지키기 위한 근력을 키우고, 정열을 키우며, 강인함을 몸에 익히게 되는 것이다. 괴테는 말했다.

"인간은 수행하기 위해 존재한다. 인간은 외부에서 이루는 게 아니라 내면에서 이룰 수 있는 걸 위해 살아간다."

인생을 헛되이 보내며 가치 없는 일을 하며 무슨 일이 일어나길 바라며, 누군가가 뒤를 밀어 주길 기다리는 사람이 많다.

반면 환경의 혜택을 전혀 받지 못했지만, 자신만의 가치를 찾고 자신을 연마하고 능력을 향상시키는 사람도 있다.

인간은 모두 행복하길 바란다. 대부분의 사람이 행복을 '욕망의 충족'으로 알고 있다. 그래서 재력과 권력, 인기 등의 가치에 목적을 두고 이기적인 탐욕을 갈구한다. 하지만 이런 물질적인 욕망의 가치 탐욕은 불행의 씨앗이 되기 십상이다.

인생 후반, 삶의 행복이란 내면에서 완전히 만족하고 평화로워야 한다. 욕심과 욕망이 배제된 상태가 진정한 가치의 행복이다.

진정한 의미의 가치와 행복은 이기적이지 않으며 이웃과 함께한다. 바른 가치에는 자존감, 지혜, 사랑, 자비와 같은 인품과 정신이 깃들어 있다.

행복은 기회가 아니라 선택의 문제다. 가치 있는 건 배워야 오는 것이지 기다린다고 찾아오는 게 아니다. 행복을 얻는데도 기술과 공부가 필요하다.

적극적인 생각,
추진력 있는 행동

자기 사랑이란 자신을 소중한 사람으로 받아들이는 것이다.
받아들인다는 건 불만이 없다는 뜻이다.
알차게 사는 사람은 불평하는 법이 없다.

웨인 다이어

작은 생각과 작은 행동은 부족한 생각을 만들어 후회하는 삶으로 이어진다. 인생은 게임과 같다. 레벨 1에서 놀지 레벨 10에서 놀지 선택해야 한다. 남들과 어울려 다니며 쓸데없는 수다로 시간을 보내는 레벨1의 삶은 만족 없는 생활로 이어질 뿐이다. 타고난 재능을 찾고 재능을 인생과 직업에 활용할 수 있는 방법을 찾아야 한다.

인생 후반에도 우리는 여전히 성장한다. 사람은 현재에 머무르는 게 아니라 계속해서 삶을 만들어 가야 하는 존재이다. 사람은 성장하고 진화하는 존재이다.

당신은 지금까지 남편과 아이들 그리고 친정과 시댁에 최선을 다하며 살았다. 이제부턴 온전히 당신을 위한 삶을 살아가야 한다.

가슴에 손을 얹고 말하자.

"나는 아직도 할 일이 많다!"
"나는 무엇이든 할 수 있고, 무엇이든 될 수 있다!"

작게 생각하고 작게 움직이는 사람은 이 세상에 아주 많다. 작게 생각하고 작게 움직여서는 더 이상 행복할 수 없다는 걸 당신도 이젠 알 것이다. 선택은 당신 몫이다.

어느 날 후배에게서 전화가 왔다. 그녀는 해물 칼국수 가게를 하고 있었다. 아이가 어려 자신은 아이를 돌봐야 했기 때문에, 남동생을 불러 남편과 함께 일을 하게 했다. 하지만 함께 일을 하면서 남편과 남동생은 마찰이 심했고, 그런 중에 남편이 팔 인대를 다쳐 수술을 하게 되었다.

상황이 바뀌어 남편이 아이를 돌보고 후배가 남동생과 함께 일을 하게 되었지만, 남동생은 여전히 장사를 그만두고 싶어 했다. 그래서 가게를 헐값에 내놓은 상태라고 했다.

장사가 잘 되는데 헐값에 내놓자, 가게에 다른 문제가 있는 걸로 보여져 가게가 팔리지 않는다고 했다. 그녀는 가게를 헐값에 빨리 정리하고 다른 걸 하고 싶다고 했다.

나는 그녀에게 동생이 나가고 싶어 하면 동생을 내보내고 사람을 써서 다시 해 보라고 조언했다. 가게를 팔더라도, 장사를 원래 상태로 돌려놓고 높은 가격에 다시 내놓으라고 했다.

후배는 내 조언대로 우선 그만두고 싶어 하는 동생을 내보냈다. 다행히 남편의 팔도 나아져 사람도 구하고 다시 장사를 시작했더니 체인점 문의까지 들어왔다고 했다. 나는 그녀에게 적정한 가격을 받고 체인점을 내주라고 권했다. 후배는 아이를 낳은 후엔 뭘 하던 두렵고 '잘할 수 있을까' 하는 생각에 자꾸만 망설여진다고 했다.

노화의 시작점이 아닌
새로운 인생의 시작점

성공한 사람들은 망설이지 않는다. 망설일 시간에 행동에 나선다. 체인점 '한 개'가 '열 개'가 되고 '열 개'가 '백 개'가 되는 것이다.

생각이 아닌 설정을 바꿔라. 체인점을 '열 개' 만들겠다고 설정하면 행동이 그에 맞춘다. 두려움은 가짜이며 실체가 없다. 두려움은 행동하면 없어진다. 행동을 '할까', '말까' 하는 생각이 나를 끊임없이 괴롭힐 뿐이다.

대부분의 사람은 공격 자세보다 수비 자세를 취한다. 수비 자세를 취하는 사람들의 대부분은 생존과 안전이 최우선이다. 더 크게 생각하지 않고 갖고 있는 걸 잃지 않으려는 안일한 자세를 취한다.

당신의 목표는 무엇인가? 목적은 무엇인가? 원하는 건 무엇인가?

약간의 돈이 아니라 많은 돈을 목표로 설정하라. 먹고살 정도의 돈을 목표로 삼으면 정확히 그만큼만 갖게 된다. 위험을 감수하지 않고 안락한 삶에 만족한다면, 평생 후회하며 살 것이다.

남편에게 경매 책을 권하곤 지금 사는 빌라를 공매로 시가보다 3천만 원 싸게 샀다. 딸이 있었지만 연락이 되지 않아 집에 있는 짐을 치울 수 없었다.

물건 보관소에 무작정 맡길 수도 없고, 우리 마음대로 처분하면 나중에 문제의 여지가 있었다. 결국 우리는 300만 원가량 손해를 봤다. 나는 남편에게 처음부터 어떻게 잘할 수 있느냐고, 모든 게 경험이니 더 해 보길 권했다. 남편은 다른 아파트를 구입해 4개월 만에 400만 원의 이익을 남겼고, 지금 살고 있는 빌라를 살 수 있었다.

행동하면, 실수를 할 수도 있고 성공을 할 수도 있다. 확률은 50 대 50이다. 하지만 안전한 길만 택한다면 지금 삶에 만족할 수밖에 없다. 실패는 당연한 것이다. 실패 없이 성공을 논할 순 없다.

실패의 자리에 해결책이 함께 있다. 모든 과일은 익기 전엔 시고

떫기 마련이다. 성공도 열매와 마찬가지로 실패를 맛봐야 달고 향이 난다. 좋은 열매를 얻기 위해선 비료도 주고 잘 돌봐야 한다. 맛있는 열매를 얻기 위해서 따뜻한 봄날만 있는 건 아니다. 무더위 땡볕과 비, 바람, 태풍을 견디며 튼튼한 열매를 만드는 것이다.

실패에 부딪치면 아프고 고통스럽다. 주위의 차가운 시선도 받아야 한다. 그럴 땐 실패의 현실보다 성공했을 때 주어지는 보상을 생각해야 한다. 큰 열매만 생각하며 열매 얻을 날만 생각해야 한다.

실패를 두려워하는 건 습관이다. 갱년기는 실패가 아니다. 100명의 사람이 모두 갱년기를 겪는 건 아니다. 갱년기의 모습도 모두 다르게 나타난다.

갱년기 없이 살아가는 사람들도 있다. 100가지의 갱년기 증상이 있는 것이다. 성격, 생활 환경, 생활 양식, 생활 태도에 따라 살아온 4~50년의 역사가 갱년기에 모두 담겨 있는 것이다.

폐경이 오면 남성 호르몬 분비가 왕성해져 더 적극적이고 추진력 강한 성향을 갖는다고 한다. 그래서 50대 이후에 새롭게 자리매김하는 여성들을 왕왕 볼 수 있다. 갱년기에 들어서면 노화의 시작점에 섰다는 생각만으로 우울감이 커진다. 더욱 건강하고 행복한 인생 후반을 위한, 새로운 인생의 시작점이라고 설정하자.

걷기와 명상으로
삶의 근육 키우기

인간의 생각과 의식은 고요한 내적 의식에 있다. 명상은 인간의 마음을 순수한 내면의식으로 몰입하도록 만들어 참된 자아를 찾게 한다. 동양 종교에선 명상을 인간의 제한적 조건으로부터 해방된 해탈의 경지에 이르게 하는 길이라 믿고 있다.

명상의 목적은 고통이 사라진 열반의 경지에 이르러 얽매임과 갈등이 없는 참다운 나를 얻는 것이다.

행복한 50대를 위해선 심리적 고통에서 벗어나 즐거운 의식 상태를 유지해야 한다. 현대인에게 명상은 신념, 가치 등의 주관적 관념에서 벗어나 보다 밝고 자유로우며 새로운 방식으로 사물을 바라보도록 도와준다.

명상은 판단하지 않고 의도적으로 주의를 기울이는 것이다. 정신 작용으로서 의식, 정체성, 현실에 대한 깊은 통찰력으로 심리적인 안녕을 얻고 최적의 의식 상태에 도달하게 된다.

명상을 하면 좌뇌 전두엽이 활성화된다. 긍정적인 감정 상태에선 왼쪽 전전두피질이 더 활발하고, 부정적인 감정 상태에선 오른쪽 전전두피질이 더 활발하다.

뇌파 강도의 좌뇌와 우뇌 차이를 비교하면, 왼쪽 전전두피질이 더 활발하다. 명상 수행자들이 보이는 패턴이다.

기분 좋아지는 걸 떠올리는 것도 명상이다. 좋아하는 것이나 아름다운 경치를 감상하는 것도 명상이다. 좋아하는 일을 하는 것도 명상이다. 산책하며 새가 지저귀는 소리, 시냇물 흐르는 소리, 파도 소리, 갈매기 소리, 음악 감상 등 알파파를 나오게 하는 모든 게 명상의 재료이다.

명상의 목적은 뇌파를 알파파로 만드는 것이다. 알파파가 많아지면 기분이 좋아지고, 원하는 대상이 되는 경험을 할 수 있다. 그 과정이 행복하므로 자주 명상을 해야 한다.

인간의 몸은 무척 정교하게 이어져 있다. 몸 안엔 살아가는 데 필요한 모든 게 마련되어 있다.

《뇌내혁명》을 보면, 몸이 약을 필요로 할 땐 체내의 제약 공장에서 필요한 양이 정확하게 공급되고 몸을 올바른 방식으로 움직이면 어지간해선 건강을 해치지 않는다고 한다.

동양 의학은 본래 인간이 지닌 능력을 충분히 살리는 게 목적인데, 스스로 능력을 살리지 못할 땐 지압이나 명상, 호흡법 등의 기술을 활용해 능력을 끌어내는 게 기본이다.

행복한 좌뇌, 불행한 우뇌

인간의 몸은 25세에 이르러 성장이 멈추고 서서히 노화하기 시작한다. 그냥 두면, 뇌세포는 하루에 10만 개씩 죽어 간다. 뇌세포를 지키고 근육량을 유지하기 위해선, 명상과 함께 하루 30분씩 걸어야 한다. 나는 하루 30분씩 산책하며 명상을 한다.

꼭 바닥에 앉아 좌선을 해야만 명상하는 건 아니다. 산책을 통해 자연이 주는 경이로움을 느끼며 명상하는 게 2배 이상의 효과가 있다. 산책하며 꿈이나 계획을 머릿속에 구체적으로 그려 보는 것도 좋은 방법이다. 나는 산책하며 시를 떠올리거나 쓰고 싶은 주제의 글을 생각한다.

내가 쓴 글에 늘 좋은 댓글만 달리길 기대하지 않는다. 내 책을 보고 누군가는 좋은 평가를 하겠지만 누군가는 좋지 않은 평가를 하겠지 싶다. 좋지 않은 글을 생각하며 우울해하기보다 좋은 글만 생각하며 기분 좋은 걸 찾는다.

내가 어떤 걸 선택하느냐에 따라 가치가 있는 것이다. 즐거운 생각을 하다 보면 기분이 좋아지게 되어, 생각이 저절로 꼬리에 꼬리를 물어 좋은 아이디어가 떠오른다.

불안이나 분노, 우울과 같은 불쾌한 감정을 느낄 때 활성화되는 뇌 부위는 편도체와 우측 전전두피질이다.

반대로 낙천적이고 열정에 차 있고 기력이 넘치는 긍정적 감정을 느낄 땐 좌측 전전두피질이 활기를 띤다.

위스콘신대 리처드 데이비슨 박사는 평상시 좌우 전전두피질 사이의 활동성을 비교하면 기분 상태를 쉽게 알아볼 수 있다고 생각했다. 오른쪽 전전두피질이 활발해지면 불행과 고민이 많아지고, 왼쪽 전전두피질이 활발해지면 행복해지고 열정에 찬다는 것이다.

극단적으로 오른쪽 전전두피질 쪽으로 활동성이 기울어져 있는 사람은, 임상적으로 우울이나 불안장애를 보인다. 데이비슨 박사는 1~5만 시간 명상 수행을 해 온 티베트 승려 175명을 대상으로 fMRI

를 촬영한 결과, 한 사람의 예외도 없이 좌측 전전두피질의 활동이 우측 전전두피질에 비해 우세함을 발견했다. 오랜 명상 수행은 뇌의 활동성을 바꿔 행복한 마음의 세계로 인도한다.

보통 사람들도 명상을 하면 좌측 전전두피질의 기능이 우세해지고 우울감이 행복감으로 바뀐다는 연구 결과가 있다.

하버드대 의대의 심리학자 사라 라자 박사 팀은 법관과 언론인 등 지식인을 대상으로 하루 40분씩 짧게는 2달, 길게는 1년 정도 명상을 하게 했다.

그 결과, 그들은 스트레스가 감소돼 기분이 좋아지고 사고가 명료해졌다고 대답했다. 또 어려운 상황에 놓여도 흔들리지 않고 주의 초점을 잘 유지할 수 있게 되었다고 했다.

fMRI로 들여다본 결과, 자비심과 행복감을 담당하는 뇌 부위가 0.1~0.2밀리미터 더 두꺼워진 것으로 나타났다.

명상으로 뇌의 구조까지 바뀐 것이다. 기분이 좋아지면 좌뇌가 활발하게 움직인다. 알파파는 좌뇌에서 나오기 때문에 기분 좋은 생각으로 우뇌를 진정시키고 좌뇌에서 계속 좋은 아이디어를 샘솟게 해 삶을 풍성하게 만드는 것이다.

철학자 칸트는 하루도 빠짐없이 산책을 했다. 그의 사고는 대부분 산책에서 나온 산물이라고 한다.

창의적이고 행복한 50대를 살고 싶다면 하루 30분 걷기와 마음챙김 명상을 해야 한다.

인간의 의식엔 의식할 수 있는 의식 세계와 의식할 수 없는 의식의 세계가 있다. 오랜 세월 살아오면서 내 생각과 타인의 생각이 부딪치고 뒤엉킨다. 뒤엉킨 생각은 오랜 세월 쌓이고 삶을 파괴시킬 만큼 큰 영향을 준다.

과거에 경험한 모든 기억을 흘려 보내야 한다. 비워야 새로운 걸 채워 넣을 수 있다. 이론이나 논리를 따져 묻기보다 몸을 움직여 우뇌를 잠재우고 부정적인 기억을 내보내 긍정적인 생각으로 삶의 근육을 키우자.

바라볼 땐 바라보고,
들을 땐 들어라

서로 계속 사랑하고 껴안아 주기만 한다면
당신 앞의 긴 삶이 아름다울 거예요.
오노 요코

삶을 바꾼다는 건 과거를 바꾸는 걸 뜻한다. 지금 일어나고 있는
불행의 원인은 교정되지 않은 과거에 있다. 과거와 현재는 인간의 구
조 전체를 구성하며, 그 안의 내용물들을 실어 나르고 있다. 그 내용
물 중 하나에 변화가 일어난다면, 현재와 미래에 변화가 찾아온다.

레프 톨스토이의 단편 중 〈세 가지 질문〉에 나오는 이야기다.

그는 인생을 더 행복하고 값지게 살기 위해 스스로에게 항상 세
가지 질문을 던졌다.

"가장 중요한 시간은 언제인가?"
"가장 중요한 사람은 누구인가?"
"가장 중요한 일은 무엇인가?"

질문에 대한 답은 다음과 같다.

"가장 중요한 때는, 바로 이 순간이다."
"가장 중요한 사람은, 당신과 함께 있는 사람이다."
"가장 중요한 일은, 곁에 있는 이를 위해 좋은 일을 하는 것이다."

이 세 가지가 세상에서 가장 중요한 것들이다.
우리가 이 세상에 있는 이유다.

우리는 인생을 살면서 늘 이 세 가지를 질문하고 답해야 한다. 과거는 이미 지나갔고 미래는 아직 오지 않았다. 우리는 현재에 살고 있으며, 지금 이 순간을 어떻게 사느냐에 따라 미래가 달라진다.

세상엔 70억이 넘는 사람들이 살고 있다. 그 많은 사람 가운데 인연을 이룬 가족이야말로 가장 중요한 사람들이다. 많은 이가 존재하지 않는 미래와 과거에만 집착하고 현재는 무시한다.

지금 이 순간이 당신에게 주어진 모든 것이다. 과거나 미래로 가서 살 수 없다면, 당신은 지금 이 순간을 즐기며 살면 된다. 추억만을 되새기거나 미래만을 꿈꾸는 대신, 현실이 허용하는 범위 안에서 충실하고 만족스럽게 살아야 한다.

행복에 이르는 길은 없다. 행복은 그 길을 가는 방식이다. 이 원칙을 이해하지 못한다면 아무리 나이를 먹는다고 해도 행복을 찾을 수 없을 테다. 당신이 타인에게 어떤 대우를 받는가는, 당신에게 달려 있다. 당신이 타인에게 어떤 대우를 받든, 그들 몫이 아니다.

하지만 사람들은 대부분 자신이 무시당하는 이유가 타인이 배려가 없기 때문이라고 생각한다. 자신이 처한 모든 문제와 부정적인 감정을 타인의 탓으로 돌리는 건 어리석은 행동이다.

세상을 있는 그대로
바라보고 듣고 감각하고 인식하라

어느 날, 마우드갈리야야나가 붓다에게 물었다.

"해탈의 길을 가르쳐 주는 붓다의 가르침을 듣고도, 어떤 사람은 해탈을 얻고 어떤 사람은 얻지 못합니까?"

붓다는 "나는 길을 가르쳐 주는 사람일 뿐이다"라고 대답했다.

아무리 뛰어난 스승일지라도 진리 그 자체, 해탈 그 자체를 전해 줄 순 없는 법이다. 참된 진리를 깨닫고 해탈을 완성하는 건 각자의 몫이다.

"여기, 진리가 있다, 이것이 진리다."

붓다는 모든 이에게 가르쳐 주셨다. 알아차리고 터득하는 건 각자의 선택이며 각자의 노력에 달린 일이다.

붓다의 진리 또한 고대 인도로부터 전승되어 온 수많은 해탈의 길 중 하나일 뿐이라는 사실을 놓쳐서는 안 된다.

붓다는 "바라볼 땐 다만 바라보라. 들을 땐 다만 들으라. 감각할 땐 다만 감각하라. 인식할 땐 다만 인식하라"고 했다. 내 마음을 개입시키지 않으면 어떤 것에도 흔들리지 않을 것이다. 내 마음을 개입시키지 않는 게 괴로움의 끝이고 자유의 시작이다.

그러므로 바라볼 땐 오직 바라봄만이 있어야 한다. 들을 땐 오직 들음만이 있어야 한다. 감각할 땐 오직 감각만이 있어야 한다. 인식할 땐 오직 인식함만이 있어야 한다.

나의 해석과 판단을 개입시키지 말고, 세상을 있는 그대로 투명하게 바라보고 듣고 감각하고 인식하는 것이다.

보는 나는 사라지고 단지 바라봄만이 있을 때, 외부의 어떤 일에도 동요하지 않는 마음을 가질 수 있다. 자유에 대한 갈망은 누구나 품고 있다.

심리학자 알프레드 아들러는 진정한 변화는 백 번 각오하고 다짐하는 것보다 한 번 제대로 깨달을 때 찾아온다고 했다. '나'라는 해석자가 개입할 때 왜곡이 시작되고 허구의 세계가 창조된다.

인생 후반, 삶의 자세는 달라져야 한다. 사람들마다 각자의 방식이 있다. 그걸 인정하고 타인에게 강요하던 자기 방식을 버려야 한다. 자기 방식을 주장하지 않고 타인의 말을 듣기 시작한다면, 다툼은 사라질 것이다.

올바른 방식이 오로지 하나뿐이라는 건 잘못된 믿음이다. 그걸 깨닫는다면, 당신의 방식이 올바르다는 걸 증명하고자 만들어 낸 모든 갈등과 다툼이 눈 녹듯 사라질 것이다.

타인에게 뭔가를 강요당하고 싶은 사람은 아무도 없다. 당신의 방식을 무조건 따르라고 하면, 직장 동료와 배우자뿐 아니라 아이들까지도 반발하고 저항할 것이다.

붓다의 최후에 대한 경전의 기록들 중엔 인상 깊은 묘사가 많다. 슬픔에 싸여 울음을 그치지 못하는 아난다에게 붓다가 이렇게 말했다고 전한다.

"울지 마라, 아난다야. 항상 말하지 않았더냐. 아무리 사랑하고 마음 맞는 사람일지라도 이별은 피할 수 없는 거라고. 태어나고 생겨나는 모든 건 변할 수밖에 없고 사멸한다는 걸 알아야 한다. 그러니 내 죽음을 슬퍼 말고, 부디 정진하여라."

가우타마 붓다. 그는 진리의 길을 찾아 헤맸고 길을 깨달았으며 길을 가르치다가 길 위에서 위대한 생을 마쳤다. 80년의 생애 동안 강조했던 붓다의 가르침, 그 요체는 매우 간결하다.

"이 세상 모든 건 무상하므로 공하다."

붓다가 깨달은 이 진리는 고대 인도인들뿐만 아니라 현대인의 가슴에도 생생하게 전해져 그 생명력을 이어오고 있는 최상의 지혜라는 걸, 그 누구도 부인하지 못할 것이다. 스스로에게 물어보라.

"내가 원하는 건 무엇이고 내게 가장 중요한 건 무엇인가?"

인생 후반,
감사함으로 살아가는 법

좋은 일이 생겨야 긍정적인 사람이 되는 게 아니라
긍정적인 생각과 행동을 해야 좋은 일이 생기죠.
간단해요. 마음 밭에 '긍정의 씨앗'을 뿌리세요.

프린세스 라 브라

감사 일기를 쓰기 전까진 내게 일어나는 불행이 타인 때문이라고 생각했었다. 나는 정말 열심히 살았고 나를 희생하며 가족들을 위해 산다고 생각했었다.

불편하거나 슬프거나 약하거나 쓸모없다고 느낄 때면 "괜찮아. 나는 최선을 다하고 있어. 하던 대로 하고 느끼는 대로 느끼면 돼. 내가 문제가 아니야"라고 스스로에게 되뇌었다.

하지만 내가 남을 탓할 때마다 내가 바라는 상황과 멀어졌다.

책을 읽으며 감사 일기를 만났다.

심리학자들은 '감사함'을 RESET 버튼을 누르는 것과 같은 효과라고 말한다. 감사하면 좌측 전전두피질이 활성화되어 스트레스를 완화시켜 주고 행복하게 해 준다. 감사가 인간이 느끼는 가장 강력한 감정이라는 연구를 재확인한 것이다.

행복한 사람들을 보면 작은 것에 감사할 줄 안다. 소소한 것에 행복을 느끼고, 지금 가지고 있는 것에 소중함을 느낀다.

우리의 생각은 우리의 에너지를 반영한다. 감사는 어느 순간에도 당신과 당신 주변을 변화시킬 수 있다. 무엇이건, 지금 이 순간에 진심으로 감사할 수 있는 걸 찾아 보라.

감사를 탐구하고 더 깊이 들어갈수록, 미래에 대한 생각과 패러다임이 변한다. 더 많은 것, 더 많은 경험, 더 많은 감사의 순간들을 끌어당긴다. 감사하는 마음은 언제나 할 수 있고 또 무료다.

오프라 윈프리는 가장 덜 감사할 때가 바로 감사함이 가져다줄 선물이 가장 필요로 할 때라고 말했다. 감사하면, 내가 처한 상황을 객관적으로 바라보게 된다. 뿐만 아니라 어떤 상황이라도 바꿀 수 있다. 감사한 마음을 가지면, 주파수가 변하고 부정적 에너지가 긍정적 에너지로 바뀐다. 감사하는 것이야말로 일상을 바꿀 수 있는 가장 빠르고 쉽고 강력한 방법이다.

세계에서 가장 영향력 있는 인물 중 한 명이자 토크쇼의 여왕으로 불리는 오프라 윈프리는, 사생아로 태어나 할머니 손에서 자랐다. 삼촌의 성폭행으로 14살 나이에 미혼모가 됐고, 마약과 알코올에 빠져 청소년기를 보냈다. 그런 그녀가 절망적인 시간을 딛고 일어설 수 있었던 게 바로 '감사 일기'다.

소소한 일상에서 느끼는 감사한 마음이 때론 내 몸과 마음의 많은 걸 바꾼다. 하루에 감사한 걸 찾아 습관화시키는 것만으로 삶이 달라진다. 감사 일기를 쓰면서 무엇보다 기쁘고 다행스러운 건, 늘 평행선이었던 남편과의 관계가 좋아졌다는 것이다.

우리 부부는 서로 주장이 강하고 시시비비 가리는 걸 좋아해 늘 마찰이 있었다. 서로의 삶을 부정하는 이야기들을 계속하다 보니, 상처가 되고 갈등이 되었다.

그런 관계가 지속되다 보니 우울증에 갱년기까지 왔다. 머리가 무겁고 편두통이 심했다. 한밤중에 찾아오는 배의 고통으로 응급실에 가는 날도 많았다. 삶을 포기하고 싶었을 정도로 힘든 순간들이었다.

책을 읽고 감사 일기를 쓰며 인간으로서 스스로를 어떻게 평가하느냐 하는 문제가 중요하다는 걸 깨달았다. 부모와 형제, 친척 그리고 이웃이 나를 가치 있고 중요하게 생각하고 여기는 것보다 내가 나를 어떻게 평가하느냐 하는 게 더 중요하다.

감사 일기는 과거의 것들은 모두 내려놓고 지금의 나를 제대로 평가해 제대로 된 행동을 실천하게 만들었다.

생각은 마음에서 나온다. 과거의 모든 게 마음에 저장되어 생각들을 불러일으킨다. 과거의 생각에서 만들어진 프로그래밍을 긍정적인 것으로 바꿔야 한다.

중년은 인간이라는 독특한 생물종에게만 부여된 시기다. 단순히 늙어가는 과도기적 단계에 들어서는 게 아니라 정신적·육체적·성적·사회적으로 또 한 번 변화하는 특별한 삶의 국면에 들어서는 것이다.

흥미로운 사실은 오늘날 인간이 맞이한 중년이 수백만 년의 진화 과정을 거쳐 얻은 행운의 시간이라는 것이다. 인간만이 생식 활동이 끝난 후에도 40년 이상 살 수 있는 '중년 유전자'를 지녔다. 이 유전자가 수백만 년 동안 진화해 오늘날의 지혜롭고 여유로운 중년을 만들었다. 중년을 삶의 축복으로 바라보도록 하는 중요한 단서다.

인간의 내면엔 감사와 평화, 만족이 들어 있다.

경험하는 모든 일에 감사해야 삶이 바뀐다. 감사를 하면 마음과 정신이 바뀐다. 세상이 다르게 보인다.

감사 일기를 쓰면서 내가 어떤 존재인지, 세상은 어떤 모습인지 새로운 시각으로 바라보고 나와 대화하며 인생의 전환점을 맞을 수 있었다. 감사 일기를 쓰며 나의 장점과 가족들의 장점을 곰곰이 생각하고, 날마다 만족하는 삶을 살게 되었다.

감사 일기가
답이다

나는 경험하는 모든 일에서 감사함을 찾는다. 남편이 나를 위해 해 주는 사소한 행동들까지 감사한 걸 적는다. 남편이 설거지를 해 줬다면 남편에게 바로 감사하다고 말하는 식이다.

내게 도움 준 사람들과 나를 응원해 주는 사람들과 내게 생긴 좋은 일 그리고 내가 실수한 부분이나 하지 못했던 일에 대해 적는다.

왜 그 일을 하지 못했는지, 왜 실수했는지에 대해서도 적는다. 다음에 그런 일이 또 일어났을 때 실수나 하지 못한 일을 줄여 나갈 수 있다. 말실수를 했거나 비난의 말을 했을 때도 적으면 좋다.

어떤 말실수를 했고, 다음부턴 이렇게 말하겠다고 구체적으로 적으면 된다. 어떤 비난의 말을 했는지 적고, 다음부턴 '이렇게 말하겠습니다, 감사합니다'라고 적으면 된다.

사람들 대부분이 '사랑합니다' '감사합니다'라는 말보다 혼나고 비난하는 말들을 들으며 자랐다. 서로를 질시하고 원망하는 삶은 무미건조하다. 감사와 사랑이 함께하는 삶이, 축복과 행복이 함께하는 삶이, 진정으로 강한 삶을 만든다. 감사 일기를 쓰면 가족을 얼마나 사랑하는지, 태어난 존재만으로 얼마나 감사한지 알게 된다.

감사 일기를 적으며 갱년기 증상도 사라졌다. 늘 답답하기만 했던 마음도 사라졌다. 하루에도 열두 번씩 달라지는 감정이 아니라 최종 목표를 중심으로 모든 결정과 선택까지 할 수 있게 되었다.

비난과 핑계로 문제를 해결할 순 없다. 내 마음의 병은 내 생각에 지나치게 함몰돼 생긴다. 감사 일기를 적으면 함몰된 시각에서 벗어나 객관적인 눈으로 내면을 바라볼 수 있다. 마음이 맑아지면, 그동안 보지 못했던 것들이 보이기 시작한다.

내가 변화하는 것만으로 내 주위 사람들에게 영향을 줄 수 있다. 주위 사람들에게 좋은 영향을 주면 좋은 일이 생기고 운까지 좋아진다. 감사는 선순환되어 결국 내게 좋은 영향으로 다시 돌아온다.

당연하게만 생각하면 간섭이고 잔소리일 수 있다. 반면 감사하면 존중하게 되고 마음을 표현하면 다시 감사하게 된다. 불평불만은 우리에게 다시 돌아와 감정을 소모하고 삶의 질을 떨어뜨린다.

인생 후반, 감사 일기를 통해 삶의 질을 높이고 행복의 문을 열자.

웃는 얼굴이
아름다운 나이

그대의 첫 번째 관계는 그대 자신과 맺어져야 한다.
먼저 자신을 존중하고 소중히 여기고 사랑하도록 하라.

닐 도날드 월쉬

50대에 들어서면 다양한 증상이 삶에 불편을 줘 삶을 흩트린다. 그중에서도 가장 힘든 게 수면 장애였다. 누우면 온몸이 불편해 잠들지 못했다. 겨우 잠들어도 3~4시간 만에 깨서 다음 날 일하는 데 지장을 줬다. 불면증이 심해지면 심신이 쇠약해진다.

갱년기에 불면증이 심한 사람들을 보면 예민하고 사소한 것도 지나치지 못해 걱정이 많다.

폐경이 되면 에스트로겐 분비가 줄며 뇌에서 세로토닌이라는 호르몬 분비도 감소한다. 숙면을 돕는 데 가장 중요한 호르몬이 세로토

닌이기 때문에, 갱년기 여성에게 불면증이 흔히 나타나는 것이다. 그리고 예민한 성격 탓에 심장이 두근거리고, 긴장된 뇌파로 우울증까지 나타난다.

갱년기의 불면증은 호르몬 치료로 큰 효과를 기대하기 어렵다고 한다. 불면증을 해결하기 위해선 심장과 뇌파를 편안하게 안정시켜야 한다. 불면증은 뇌파와 직결된 증상이기 때문에 마음을 편안하게 하는 게 가장 중요하다.

불면증에 집착하지 않는 게 가장 중요하기 때문에 잠이 올 때까지 기다렸다가 자는 게 좋다. 잠이 오지 않으면 이런저런 생각이 떠오르기 마련이다. 생각을 따라가면 잠과는 더 멀어진다.

잠이 오지 않을 땐 그 생각에서 벗어나야 한다. 그날 있었던 일에 대해 일기를 쓰는 것도 좋고 책을 읽어도 좋다. 나는 잠이 오지 않을 때면 글을 쓰거나 책을 읽는다.

내가 주로 하는 생각에 내 몸도 반응한다. 생각을 바라는 쪽으로 이끌어 갈 수 있다면 몸 또한 변화를 가져올 수 있다.

불면증을 겪고 있다면 생각의 대부분이 부정적인 생각이나 과거의 생각에 집착하고 있는 것이다.

당신이 고통을 느끼는 이유는, 고통스러운 상황 때문이 아니라 당신이 일으키는 생각으로 당신이 고통을 느끼기 때문이다.

사람들 대부분이 삶의 모든 부분을 육체적인 관점에서 경험한다. 갱년기, 폐경기의 의미는 무엇일까? 대부분은 전성기가 끝나 아무도 거들떠보지 않는 여성으로 생각한다.

폐경을 부정적으로 바라보는 시선이 여성의 자존감을 떨어뜨린다. 젊어 보이기 위해 노력해야 하고 그러기 위해 돈을 쓰라고 부추긴다. 2~30대 젊음을 유지하는 것에 큰 가치를 부여하며 비싼 화장품을 쓰라고 부추긴다. 매스컴에선 성형이 젊음을 유지시켜 줄 거라고 광고한다.

왜 중년 여성을 2~30대의 외향적인 모습에 견줄까? 50대는 2~30대의 외향적인 모습과 달리 더 많은 걸 누릴 수 있는 나이이다.

헤쳐 온 지난 시간을 돌아보자. 누군가는 돌아가고 싶겠지만 누군가는 돌아가고 싶지 않을 것이다. 나 역시 돌아가고 싶지 않다.

작년, 헬스장에서 운동을 하고 있었는데 60대 중반으로 보이는 분이 들어와서 친구들에게 말했다.

"나는 지금의 나이가 너무 좋아, 옛날로 돌아가기 싫어."

런닝머신 위에서 뛰고 있던 나는 '마흔여덟의 나이에도 이렇게 행복한데 앞으론 더 행복하겠구나' 하는 생각이 들었다. 2~30대를 치열

하게 살았기에 이제야 오롯이 나만의 인생을 제대로 살 수 있다. 한 평생 살면서 10대, 20대, 30대의 삶이 전부일까? 중년의 여성들에겐 젊은 세대에게 없는 원숙함과 노련함, 지혜가 있다.

로랑 페리에는 1812년에 설립된 유서 깊은 샴페인 하우스이다. 지금의 로랑 페리에를 이룬 건 남편 유젠 로랑이 사고로 갑작스레 세상을 떠나고 남은 아내 에밀리 페리에다. 그녀는 남편의 성 로랑과 자신의 성 페리에를 합쳐, 뵈르 로랑 페이레를 설립했다.

당시 프랑스에선 여자나 상속자의 미망인은 단 한 푼도 상속받을 수 없었다. 남편이 사망하고 두 아들을 홀로 기르던 마리 루이스는 단 한 푼의 유산도 상속받을 수 없었다. 그녀는 운영난으로 빚더미에 앉아 있던 로랑 페리에 샴페인 하우스를 헐값에 인수한다. 당시 로랑 페리에는 상황이 좋지 않았다고 한다.

그녀는 크나큰 모험을 했다. 유산을 한 푼도 상속받지 못하고 앞으로 두 아들을 혼자 길러야 할 수도 있었는데, 로랑 페리에를 헐값에 인수해 회사를 밑바닥부터 키워 나가는 고된 길을 선택했다.

그리고 두 아들에게 물려 주기 위해 불철주야, 악착같이 일하며 뛰어난 사업 수완과 미각으로 로랑 페리에 샴페인 하우스를 일으켜 세우는 데 성공했다.

건강한 삶은
성취보다 균형에 있다

중년기의 원숙함과 노련함은 싱싱한 젊음만큼이나 큰 가치를 지닌다. 나이와 함께 갖게 된 이 모든 걸 다 내 것으로 받아들이면 인생이 깊어질 것이다.

어떤 상황에서도 최상의 기분이나 행복감을 느낄 수 있는 편안한 안도감을 찾아 내고자 한다면, 수면 장애나 우울감은 사라질 것이다.

행복과 불행은 개개인의 사고방식에 따라 달라진다. 같은 곳에서 같은 일을 하는 두 사람이 있다고 했을 때, 그들은 비슷한 재산과 지위를 가졌음에도 한 사람은 매우 행복한 반면 다른 한 사람은 몹시 불행하게 살 수도 있다.

중국 격언 중에 "미소 띤 얼굴이 없는 사람은 장사할 자격이 없다"라는 말이 있다. 행복과 불행은 추구하는 방식에 달려 있을 뿐이다.

하루 일당을 벌기 위해 온종일 땀 흘리며 힘들게 일하면서도 행복한 얼굴인 사람들을 찾아볼 수 있다.

그러나 좋은 환경에서 좋은 직업을 가지고도 불행한 얼굴로 사는 사람들도 많다. 링컨의 명언이 와닿는다.

"인간은 행복해지려는 결심의 강도만큼 행복해질 수 있다."

미국에서 제일 가는 보험 회사의 유능한 외판원인 프랭클린 베트커는 "미소를 잃지 않는 사람은 환영받는다"는 사실을 오래전부터 터득하고 있었다.

그는 누군가를 찾아갈 때면, 방 앞에 잠깐 멈춰 서서 그에게 감사해야 할 일을 생각해 내곤 진심에서 우러나오는 미소를 지은 후 미소가 사라지기 전에 들어갔다고 한다.

건강한 삶은 성취보다 균형에 우선을 두는 것이다. 돈, 명예, 사람, 힐링도 하나에만 올인하면 균형이 깨진다. 과유불급, 지나치면 모자람만 못하게 된다. 사회적 성공에만 올인하다가 깨진 삶의 균형은 또 다른 치우침으로 이어진다. 최고의 균형점은 시간과 상황에 따라 끊임없이 변하는 것이다.

균형점을 놓치지 않고 맞추며 살아가려면, 내 모습을 끊임없이 살피면서 나아가야 한다. 남편과 아이들만을 위해 사는 삶은 어느 순간 지치기 마련이다.

열심히만 하면 무엇이든 원하는 걸 얻을 수 있다고 생각했다. 남편과 열심히만 하면 원하는 걸 얻을 수 있을 것만 같았다.

슈퍼우먼처럼 살자니 늘 초조했다. '고생 끝에 낙이 온다'는 말을 맹신하고 밥 먹는 것도 잠자는 것도 중요하게 생각하지 않았다.

삶의 균형이 깨지는 순간 무기력한 삶이 보내는 상실감과 심리적 원인으로 갱년기가 찾아왔다.

결국 인생이란 내 안에 있는 여러 모습의 나를 만나면서 그 모든 나를 있는 그대로 인정하고 사랑해 가는 과정이다.

괴로워 도망치고 싶은 순간도 한참이 지난 후 돌이켜 보면 인생에서 꼭 필요한 과정이었다.

오늘 새로운 기회를 얻을 거라고 생각하며 말하라.

아침마다 얼굴에 미소를 띠고 아름다운 아침에 온 걸 환영하라.

오늘 좋은 하루가 되길 바라고 아주 좋은 하루를 기원하라!

소식과 스트레칭으로
건강한 몸 만들기

우리가 먹는 게 곧 우리 자신이 된다.

히포크라테스

다이어트는 거의 모든 사람의 공통적인 관심사가 아닐까 싶다. TV 방송에서도 체지방 줄이는 법 등의 다이어트 방법이 단골 주제로 등장한다.

다이어트에 좋은 방법도 여러 가지다. 운동법에서부터 간헐적 단식 다이어트, 1일 1식 다이어트, 종이컵 다이어트, 갱년기 다이어트, 학생 다이어트까지 각양각색이다. 과학적으로 증명된 다이어트 방법이 있음에도 비만 인구는 점점 늘어나고 있다.

중년엔 기초 대사량이 떨어지기 때문에 지방과 스트레스, 두 가지가 겹치며 질병 위험권에 들어간다.

요즘은 이 두 가지가 너무나 쉽게 쌓이므로, 당연히 생활 습관 병에 걸릴 확률이 더 높아질 수밖에 없다. 이 세상에 과식 때문에 죽는 동물은 인간과 가축밖에 없다고 한다니 말이다.

중년의 대부분이, 나이가 들어가면서 생활 습관 병보다 더 무서운 걸로 치매나 뇌질환 등에 걸리지 않을까 하는 생각이 들기 때문이다.

중년 이후엔 부족한 걸 먹는 것도 중요하지만 건강을 위협하는 나잇살이 찌지 않게끔 먹는 게 더 중요하다. 적게 먹으면 몸에 지방이 축적되는 걸 예방하게 되어 나잇살이 빠지고 면역력도 높아진다.

평소 섭취하는 양에서 하루 500~1000칼로리 정도를 덜 섭취하되 고단백·저칼로리·저염식 식단으로 먹는 습관을 들여야 한다.

소식은, 하루 세 끼 식사를 규칙적으로 거르지 않고 먹어도 되고 한 끼를 건너뛰는 간헐적 단식을 해도 좋다. 무조건 적게 먹는 게 아니라 내 몸에 꼭 필요한 정도의 열량만큼 골고루 먹는 게 중요하다.

조금 부족한 듯 먹고 식사 시간을 20분 이상 갖고 천천히 먹는 게 좋다. 천천히 먹으면 포만중추가 자극되어 적은 양으로도 포만감을 느끼게 되어, 지방과 콜레스테롤이 감소하는 효과가 있다.

식사 시간이 20분 이하일 경우 비만율이 더 높다는 분석 결과가 나왔다. 특히 여성의 경우, 식사 시간에 따른 비만율 차이와 함께 주

중 여가 시간에 앉아 보내는 시간이 2시간 이상일 경우 비만율이 높았다. 남성의 경우, 식사 시간에 따라 비만율에 차이를 보였다.

소식을 한다고 먹는 양을 갑자기 줄이거나 무리하게 단식을 하고 잘못된 방법으로 다이어트를 하면, 오히려 기초 대사량이 낮아지고 근육이 줄어들 수 있다. 또 먹는 양을 줄이면서 포만감을 높이기 위해 과다하게 단백질 위주로 식단을 짤 경우 신장 질환 등의 발생률이 증가하고 콜레스테롤 수치가 높아질 수 있기 때문에 주의해야 한다.

마크 맷슨 박사는 미국 국립노화연구소 산하 신경과학연구실 책임자로, 뇌의 노화와 관련한 권위자다. 그는 알츠하이머병을 연구하고 있는데 그의 아버지도 치매로 세상을 떠났다. 그 사실이 알츠하이머병을 연구하게 된 직접적인 계기는 아니었으나, 그로 말미암아 이 병에 대한 통찰을 얻게 했다고 한다.

전 세계적으로 약 2,600만 명이 알츠하이머병을 앓고 있으며, 인구의 노령화가 가속화할수록 문제는 더욱 커질 것이다.

맷슨 박사는 쥐들이 기억력 장애를 일으키는지 파악하고자 쥐를 알츠하이머병에 더 취약하도록 조작해 미로 속에서 길을 찾게 했다.

어떤 쥐는 먹이를 쉽게 찾는 반면, 어떤 쥐는 길을 잃고 갈팡질팡했다. 길을 찾지 못하는 쥐들은 미로 속에서 어떤 길이 지나온 길인지 금세 잊어버렸다.

알츠하이머병에 취약하도록 유전자가 조작된 쥐들은 정상 식단을 섭취할 경우 금세 치매를 일으킨다. 사람의 중년에 해당하는 한 살이 되면, 대부분 학습과 기억력 장애를 뚜렷하게 일으켰다.

반면 맷슨 박사가 "간헐적 에너지 제한"이라고 부르는 간헐적 단식을 하면 최대 20개월까지 어떤 가시적인 치매의 징후도 보이지 않았다. 수명이 다할 때가 돼서야 퇴행 징후를 보이기 시작했다. 50세와 80세에 알츠하이머병 징후를 나타내는 사람들에 빗댈 수 있다.

한편 이 쥐들에게 전형적인 정크푸드 식단을 섭취하게 하면 정상 식단을 섭취할 때보다 훨씬 더 빨리 퇴화했다.

맷슨 박사는 이렇게 말했다.

"쥐들에게 고지방, 고과당 식단을 제공하자 놀라운 결과가 나타났다. 조기에 학습과 기억력 장애가 발생하고, 아밀로이드가 다량 축적됐으며, 미로 테스트에서 길을 찾는 데 어려움을 겪었다. 먹이가 한정된 동물에겐 먹이가 어디에 있는지, 포식자와 같은 위험 요인이 어디에 도사리고 있는지를 기억해 내는 능력이 중요하다. 아득한 옛날, 우리 조상도 뛰어난 인지 능력으로 배고픔에 잘 대처할 수 있어야 생존에 유리했을 것이다."

50대에 맞는
예쁘고 건강한 몸 만들기

여성들은 대부분 임신과 출산을 경험하며 신체가 많이 달라진다. 특히 아이를 갖게 되면 뱃속의 태아를 보호하기 위해 복부 주변으로 지방이 많이 축적된다.

출산 이후에 어느 정도 감량이 되기도 하지만, 그대로 남아 있는 경우도 많으며 지속되면 결국 지방이 뱃살에 축적된다. 그런 상황이 지속되며 갱년기를 맞으면 에스트로겐이 줄어들어 내장 지방이 더 축적되기 쉬워진다.

때문에 식단으로 관리하기 위해선 칼슘, 단백질, 비타민 K, 비타민 E 등이 들어 있는 음식을 자주 먹는 게 좋다.

콩, 두부, 연어, 고등어, 유제품, 시금치, 브로콜리, 당근, 달래, 우유, 아마씨, 견과류 등 다양하게 식단으로 활용해 섭취하는 게 좋다.

남편과 장사를 하면서 하루 세끼 밥을 챙겨 주다 보니 몸무게가 7킬로그램이나 늘었다. SBS 스페셜 〈간헐적 단식〉을 보며 소식과 간헐적 단식을 병행해 건강한 다이어트를 할 수 있었고, 지금까지 55 사이즈 옷을 입고 있다.

하지만 등살과 겨드랑이살, 부유방 때문에 조금만 붙는 옷을 입어도 체형이 예쁘지 않아 신경이 쓰였다. 큰아이가 폼 롤러 스트레칭이

굽은 등을 펴 주고 등과 겨드랑이에 자극을 준다며 내게 맞는 폼 롤러를 사줬다.

폼 롤러는 마사지 부위에 대고 누워 굴려줌으로써 몸에 있는 근막을 풀어 주는 게 원리다. 자가 근막 이완법이라고 한다. 근막과 함께 타이트하게 된 근섬유와 근육 내 피로 물질도 풀어 준다.

폼 롤러는 자기 체중으로 원통의 접점 부위를 눌러 풀어 주는 방식이다. 필라테스나 요가 도구로 많이 쓰인다. 척추 측만증과 관련된 통증이나 거북목 증후군, 어깨 결림과 같은 근막 동통 증후군의 치료 보조용으로도 쓰인다.

하루 10분 폼 롤러 스트레칭으로 등과 겨드랑이에 집중적으로 자극을 줘서 지방은 빼 주고 탄력 있는 몸매를 만들 수 있다.

50대의 격렬한 운동은 뇌를 지치게 만들어 피로감을 느끼게 하기 쉽다. 가장 좋은 건 스트레칭처럼 유연한 운동을 하는 것이다. 스트레칭은 평소에 잘 쓰지 않는 근육을 움직인다는 데 의의가 있다.

근긴장성 섬유라는 근육이 있는데, 뇌의 시상하부와 이어져 있다. 이 근육이 자극받으면 뇌에서 기분 좋은 호르몬이 분비된다. 그리고 뼈 속에 혈액을 풍부하게 집어넣는 효과가 있어 뼈의 노화를 방지하는 데 효과적이다. 인생 후반, 소식과 10분 폼 롤러 스트레칭으로 예쁘고 건강한 몸을 만들자.

건강하게 살기 위한
7가지 방법

- 욕심과 욕망이 배제된 진정한 가치를 얻고자 한다.
- 생각이 아닌 설정을 바꾸고 행동하면 성공할 수 있다.
- 하루 30분 산책과 마음챙김 명상으로 건강을 챙기자.
- 나의 해석과 판단을 개입시키지 말고 세상을 바라보라.
- 감사는 인생을 바꿀 수 있는 가장 빠르고 쉽고 강력한 방법이다.
- 아침마다 얼굴에 미소를 띄고 아름다운 아침에 온 걸 환영하라.
- 소식하는 습관을 들이고 스트레칭처럼 유연한 운동을 하자.

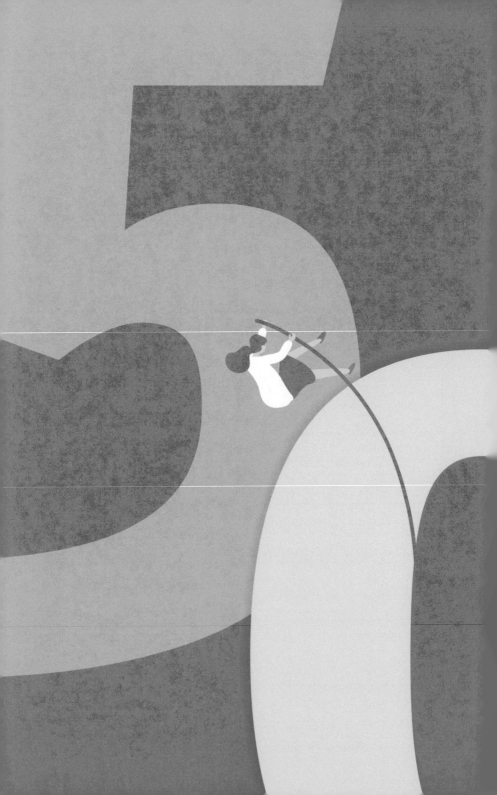

5장

오십부터는
가치관을
바꿔라

Let Me Be Myself

정확한 사고력이
필요한 이유

그대의 가치는 그대가 품고 있는 이상에 의해 결정된다.

발타자르 그라시안

대부분의 사람은 책임을 원하지 않으며, 문제의 원인이 타인에게 있길 바란다. 그리고 결과는 쉽게 얻으려고 한다. 책임을 진다는 건, 모든 책임이 내게 있다는 의미이다.

얼마 전 150억 부자를 만났다. 40대 초반 나이에 150억을 벌었다고 한다. 그는 지금도 여전히 많은 돈을 벌고 있다.

성공하기까지 수없이 실패를 거듭했다고 한다. 그는 실패로부터 심오한 걸 배웠고 실패 덕에 성공했다고 말한다.

실패해도 나쁜 일은 일어나지 않는다. 하지만 사람들은 좋은 아이디어를 생각해 내고도 실패할까 봐 두려워 아무것도 하지 못한다.

우리는 실패를 통해 배운다. 성공 철학의 거장 나폴레온 힐은 모든 힘든 시련엔 그에 상응하는 보상의 씨앗이 들어 있다고 말했다.

장애물이 가장 적은 길을 택하면 강은 굽어지고 사람은 삐뚤어진다. 장애물을 피해 이리저리 다니지 말고, 곧게 일직선으로 뻗은 길을 걷고 스스로 열심히 노력해 인생을 바꾸길 원한다.

우리는 알게 모르게 대부분의 사람이 진실이라고 인식하고 있는 소문을 바탕으로 살아간다. '누가 그렇게 말하더라' '뉴스에서 봤는데' '신문에서 읽었는데' 하는 식으로 말하는 걸 그대로 믿는다.

인류는 사고를 끊임없이 발전시켜 성장을 거듭해 왔다. 누구나 생각할 줄 알지만, 운명을 바꿀 만한 참신하고 기발한 사고력을 갖춘 사람은 드물다.

오늘날처럼 복잡한 세상에서 살아남기 위해 필요한 건 사고력이다. 나만의 생각이라 여겼던 생각도 사실은 대부분 부모님과 주위 사람들로부터 받은 것이다.

갱년기 증상은 나이가 들면 지혜로워져야 한다는 이상과 그렇지 않은 현실 속에서 정확한 사고를 할 수 없기 때문에 생긴다.

지혜란 자신이 아는 것과 알지 못하는 걸 인식하는 것에서 시작된다. 세상을 있는 그대로 볼 수 있어야 자신의 가치를 정할 수 있다.

자신의 가치를 깨닫지 못하는 사람은 착각과 편견, 이기심을 가지고 살아간다.

정확한 사고를 하기 위해선 사실과 거짓, 소문을 분리해야 한다. 행동을 하기 전에 최대한 정보를 찾아 사실과 거짓, 소문 등을 구분하는 지혜를 가져야 한다.

자신에게 부족한 부분이 있다면 타인이 나를 어떻게 평가하든 연연하지 말고 스스로 찾아야 하는 것이다.

지인 중 누가 얼마나 정확한 사고를 하는지 분석해 보면, 대부분의 사람이 정확한 사고를 하지 않고 타인의 말에 쉽게 동요하며 살아간다는 걸 알 수 있다.

중요한 사실이란 목표를 이루는 데 활용할 수 있는 사실들을 말한다. 블로그에 글을 포스팅한다고 했을 때 주변 사람들은 이제 블로그 시대는 끝났다고 했다. 유튜브가 대세라 블로그에 찾아오는 사람은 없을 거라고 했지만, 현재 서로 이웃 블로그만 3300명을 넘었고 하루 방문자수는 수백 명에 달한다.

하루 동안 자신의 행동을 관찰해 보고 중요하지 않은 사실에 시간을 얼마나 많이 쓰고 있는지 알면 놀랄 것이다.

정확한 사고를 배우고 배운 점을 활용해 더 높은 곳까지 올라가고 싶다면, 중요한 사실과 중요하지 않은 사실을 구분할 줄 알아야 한다. 그리고 내게 주어진 시간을 중요한 것에만 전념하는 습관을 길러야 한다. 목적 없는 취미 활동과 중요하지 않은 약속, 모임, 수다 등을 포기해야 할 수도 있다.

궁금한 게 있다면 주의 깊게 관찰하라. 아주 흥미로운 결과가 나올 것이다.

돈보다
가치를 선택하라

가능한 모든 수단을 동원해 사실을 찾고 확인된 사실을 근거로 판단하지 않는 이상, 어떤 의견도 가치 있지 않다. 소문, 험담, 드라마를 소재로 주고받는 일은 삶을 가치 없게 만든다.

사회학자 벤저민 바버는 다음과 같이 말했다.

"나는 세상을 강자와 약자, 성공과 실패로 나누지 않는다. 나는 세상을 배우는 자와 배우지 않는 자로 나눈다."

정확한 사고를 하는 사람은 남의 말에 신경 쓰지 않는다.

내 주위의 다섯 명이 내 평균이다. 나보다 나은 사람으로 채우자.

당신의 현재는 과거로부터 축적해 온 습관의 결과라고 할 수 있다. 습관은 주변 상황이나 환경의 영향을 받아 굳어진다. 그렇다고 환경을 탓해선 안 된다.

우리 모두는 자기 의사와 상관없이 이 세상에 태어났다. 세상을 떠날 때도 마찬가지다. 하지만 사는 동안 선의로 삶을 가치 있게 만들 수도 있고 악의를 가지고 파괴적으로 살 수도 있다.

나는 좋은 영향력을 주지 않는 사람과는 자발적으로 인연을 맺지 않는다. 부정적인 영향만 주는 사람이 있다면 당장 관계를 끊어라.

40세가 되면 바깥 사물에 미혹되지 않는다는 뜻에서 불혹이라고 했다. 그전까진 이것을 보면 이것이 옳은 것 같고 저것을 보면 저것이 옳은 것 같아 판단을 세울 수 없었는데, 나이 마흔이 넘으면 그런 판단을 흔들림 없이 할 수 있어야 한다.

50세는 지천명이다. 하늘의 명을 안다는 뜻이다. 줄여서 지명이라고도 한다. 쉰 살이 되면 내가 이 세상에 태어나 지금 이 일을 하고 있는 까닭을 어렴풋이나마 깨달아야 한다. 지금 하고 있는 일이 자기 의지만이 아닌 하늘의 섭리에 의한 것임을 느끼는 나이다.

가치 있는 삶이란 자신이 처한 상황 속에서 항상 선택하며, 선택에 책임을 지는 것이다. 자유엔 책임이 따른다. 처한 상황 속에서 어떻게 행동할 것인지, 어떤 사람이 될 것인지 선택하는 것이다.

장애인이 자신이 장애인인 것에 책임은 없지만, 삶에서 장애가 무엇을 뜻하는지에 대해선 책임이 있는 것이다.

자신의 삶의 가치는 자신이 선택해야 한다.

어떤 이는 장애를 인생의 파멸로 선택할 수도 있다. 또 다른 이는 장애 때문에 자유롭지 못하더라도 할 수 있는 최선의 삶을 선택할 수도 있다. 사람은 스스로에게 권한을 부여받았다.

장애 때문에 자기 연민에 사로잡히지 않겠다는 책임을 부여해야 한다. 인생은 작가의 의도대로 연극 속에 등장하는 배우에 불과하다. 행복은 당신이 뜻대로 할 수 있는 것에서만 찾을 수 있다.

당신의 뜻대로 되지 않는 건, 바라지도 말고 관심조차 두지 않아야 한다. 그러면 남을 질투하는 일도, 부질없이 부러워하는 일도 없어진다. 자신의 과거와 현재 상황에 대해 불평이나 변명, 후회 없이 전적으로 책임져야 한다.

가치 있는 삶이란 무엇인가.

큰 성공을 거두고 대단한 사람이 되는 게 아니다. 각자 자신의 인생에 책임을 지고 최선을 다하며 사는 것이다.

인간은 책임을 피할 수 없다. 대부분의 사람은 가난, 절망, 질병, 비판에 대한 두려움으로 살아간다. 하지만 이런 두려움은 대부분의 시간을 낭비하게 만들고 용기를 빼앗아 간다.

용기를 빼앗기면 인생에서 아무것도 얻지 못한다. 두려움은 고통만 줄 뿐이다. 우리는 자신을 통제할 수 있는 힘을 갖고 태어났다.

책임은 최대화하고 변명은 최소화하는 당당한 삶이 가치 있는 삶이다. 당신은 무엇을 선택하겠는가?

배우고자 하는 욕망을
발산하는 기쁨

지속적인 자기계발이 없으면 현재의 당신이 앞으로의 당신이 될 것이다.
당신이 될 수도 있었던 사람과 당신을 비교할 때 고통은 시작된다.

엘리 코헨

　100세 시대에 평생 학습은 선택이 아닌 필수다. 100세 시대에 접어들면서 80세 이상 인구수가 100만 명을 넘었다. 예전엔 80세를 넘기기가 힘들어 소비하고 돌봄받는 걸 당연히 여겼다. 그러나 요즘엔 생산 활동을 하는 시기로 보고 있다. 80대는 장년기, 90대는 노년기로 정의 내리기도 한다.

　바뀌는 패러다임으로 50대는 미지의 인생 후반기를 준비하는 호기심 가득한 사춘기 시절이라고 생각해도 좋다. 성공만 앞세운 젊은 시절과는 다르게 나이 먹어서의 공부는 살아온 인생 경험에서 우러

나오는 원숙미와 쌓아온 폭넓은 인맥을 바탕으로 한 정보력과 경제력을 원천으로 한다.

50년 전과 비교하면 확실히 2~30년 정도의 기대 수명이 늘어난 걸 알 수 있다. 이를 시기상으로 보면, 평균 수명이 60세일 때와 90세일 때의 상황을 생각해 봐야 한다.

노인의 개념이 새로이 변해야 하는 것이다.

60세가 넘으면 노인이던 시대는 지나가고 8~90세가 노인이 되는 시대가 도래했다. 4~50대가 되었다고 해도 아직 청년이다. 정년 퇴임 후 해야 할 일을 생각하며 미래를 준비해야 한다.

인간이라면 누구나 생로병사의 굴레를 벗어날 수 없지만, 50대 이후에 펼쳐지는 늙고 병들고 죽는 건 마음가짐에 따라 어느 정도 선택할 수 있다. 그렇기에 죽는 날까지 배우며 자기관리를 해야 한다.

공자는 "멈추지 않는 이상 얼마나 천천히 가는지는 문제가 되지 않는다", "가장 위대한 영광은 한 번도 실패하지 않음이 아니라 실패할 때마다 다시 일어서는 데에 있다"고 했다.

은퇴 후 할 수 있는 일이 정열적으로 살아왔던 지난날을 회상하는 것뿐이라면, 남은 삶이 얼마나 지루할 것인가?

인생은 평생 배움의 길이다.

아름다운 성공 신화 《열정은 기적을 낳는다》의 메리 케이는 25년 동안 몸 바쳐 일했던 세일즈업에서 막 은퇴한 직후 일과 가족이 전부였다. 은퇴 후 할 수 있는 일이라곤 지난날을 회상하는 것뿐이었다.

그러던 어느 날, 회사에서 그녀가 겪었던 일들이 다른 여성들에게 도움이 되었다는 걸 알게 되었다.

보고 배운 걸 글로 정리하면서, 그동안 여자라는 이유만으로 포기해야 했던 숱한 기회에 대한 기억들로 머리가 복잡해졌다.

그녀는 여성들에게 무한한 기회를 제공할 수 있는 회사를 만들었다. 성공하겠다는 의지만 있다면 여성들도 성공할 수 있도록 도왔다.

메리 케이는 어떤 경우에도 기본 원칙을 바꾸지 않았고, 편견의 장벽을 허물며, 자신의 성공을 타인에게 돌렸다. 올바르게 대우받으며 가치 있는 제품과 서비스를 생산하는 기업에서 일할 때 자부심을 지닌다는 신념과 상대를 존중하는 마음은, 그녀가 삶의 마지막 순간까지 놓지 않은 경영 철학이다.

'모지스 할머니'는 자식 아홉을 키워놓고 예순이 넘어 그림을 그렸다. 그녀는 78세가 될 때까지 자신이 그림에 재능이 있다는 사실조차 몰랐는데, 시도해 본 적이 없었다고 말했다. 그로부터 4년이 못 되어 그녀의 작품들은 메트로폴리탄 미술관에 전시되었다.

모지스가 자신의 재능을 조금 더 일찍 발견했더라면 우리를 위해 더 많은 아름다운 그림들을 남겼을 거라는 아쉬움이 있다.

많은 여성이 자신의 잠재력을 발견하지 못한 채 단단한 껍질 속에 웅크리고 앉아 바깥세상과 단절된 삶을 살아간다.

공부의 진정한 때는 의무 교육에서 벗어나 '공부하고 싶다'고 생각하는 순간이다. 어떤 일이든 할 수 있는 때가 따로 정해져 있지 않다. '해야겠다고 마음먹는 순간', '하고 싶다고 생각하는 순간'이 바로 '그때'인 것이다.

뇌 과학자들은 지적 자극이 주어지는 한 뇌는 결코 늙지 않는다고 주장한다. 우리의 뇌는 나이에 상관없이 쓰면 쓸수록 기억을 담당하는 해마에 신경 세포가 증식되어 노화를 방지하고 젊음과 건강을 유지하게 해 준다.

소크라테스는 자신을 가리켜 "지식과 지혜를 낳고 정신의 산고를 도와 주는 조산부"라고 표현했다. 배움은 우리 옆에 지키고 서서 꿈을 출산하는 고통을 덜어 주고 꿈이 산고를 타고 나와 이 세상에서 햇빛을 보도록 도와 준다.

남은 인생을 행복하게 살기 위해 배움은 꼭 필요하다. 지속적인 배움은 생활을 편리하게 해 주고, 끊임없는 자신감과 열정을 선물해, 미래를 더욱 흥미진진하게 해 준다.

중년의 지혜는
배움에 있다

우리가 중년이 되었듯 누구나 노인이 된다. 노인이 되기 전에 미리 노후를 준비해야 한다. 노후 준비는 돈만을 의미하지 않는다. 돈은 결과물일 뿐이다. 돈을 벌기 위한 준비된 과정이 필요하다. 즉 자신만의 평생 일을 만들어야 하는 것이다.

《파브르 곤충기》로 유명한 장 앙리 파브르는 85세에 열 권의 곤충기 시리즈를 완성하고 생을 마감했다. 미켈란젤로는 90세 마지막 순간까지 〈론다니니의 피에타〉를 만들었다. 모지스는 78세의 늦은 나이에 화가의 길로 들어서, 101세에 세상을 떠나기까지 1,600여 점의 작품을 남기며 화가로서 열정을 불태웠다.

인생은 우리 스스로 만드는 것이다. 이전에도 그랬고 앞으로도 그럴 것이다. 인생 후반 새로운 경험을 마다하지 않는 건 배움에서 시작된다.

세계적인 노화 학자 마크 윌리엄스는 "습관이 주는 편안함의 유혹을 이기는" 것에서부터 잘 늙기 위한 준비가 시작된다고 말했다. 창조력은 나이에 상관없다.

꿈은 나이에 상관없이 찾아야 한다. 어릴 적 장래희망을 상상하듯 중년에 주어진 시간을 새로운 일을 해내는 시간으로 만들어야 한다.

'중년의 위기' '빈 둥지 증후군'은 근거 없는 음모라는 학설이 점점 고개를 들고 있다.

'성공적인 중년 발달에 관한 맥아더재단 연구네트워크'는 1999년부터 지금까지 중년의 갱년기를 연구하고 있다. 8000여 명의 미국인을 대상으로 10년 동안 진행한 이 연구에서 대상자의 5퍼센트만이 갱년기를 겪은 것으로 나타났다고 한다. 대상자 중엔 중년으로의 진입을 행복한 시간으로 가는 여정으로 인식하는 이들도 많았다.

삶의 만족도는 65세에 절정을 보였다. 나이 들수록 행복한 일이 더 많이 생기기라도 하는 걸까?

그렇진 않다. 비결은 '뇌의 결심' 덕분이다. 나이 들수록 뇌가 감정을 더 잘 통제할 수 있게 되고, 중년의 뇌는 본능적으로 '부정적 감정'보다 '긍정적 감정'에 더 주목한다고 한다.

《가장 뛰어난 중년의 뇌》의 저자 바버라 스트로치는 "비정상적으로 정신분열적인 세계에 살고 있다"며 이렇게 말했다.

"우리는 인간의 수명을 수십 년 연장했고, 뇌의 수명을 연장해 줄 새롭고 유혹적인 방법들도 발견하는 중이다. 하지만 그 좋은 세월과 좋은 뇌를 가지고 무엇을 할 것인가에 대해서는 1초도 생각해 본 적이 없다."

정보 저장과 관련된 미엘린 신경의 하얀 지방질 피막은 중년 말기에 이르러서도 계속 자라는 것으로 나타났다. 미엘린이 증가하면 연결망들이 많아진다. 뇌 과학자들은 이 부분이 '중년의 지혜'와 연관 있을 것으로 여기고 있다. 뇌 활동에 있어서 고유 명사를 기억하거나 빠른 속도가 그리 중요하지 않을 수도 있다.

이와 관련한 실험이 있다. 대학생과 중년에게 나란히 책을 쥐어주고 이해도를 테스트했다. 속독 면에선 대학생이 훨씬 빨랐다. 그러나 단어와 문구에 의존해서 내용을 이해하는 면에선 중년이 대학생을 훨씬 능가했다.

나는 "실패는 성공의 어머니"라는 말을 좋아한다. 우리 모두는 실패를 통해 배운다. "아무것도 하지 않는 사람만이 실패하지 않는다"는 말도 있다. 성공하는 사람은 새로운 것에 도전하는 걸 두려워하지 않는다. 실패를 두려워하지 않기 때문이다.

우리의 삶 자체가 평생 교육의 장이다. 하지만 현실은 학교를 졸업하면 공부라는 배움에서 떠난다. 배움을 향한 의욕을 잘 모르는 사람이 배움의 기쁨을 다시 터득하고 지식에 대한 호기심을 재발견하기란 쉽지 않다.

내가 갱년기에서 벗어날 수 있었던 건, 배우고자 하는 욕망이 생기고 책을 통해 세상을 알아가고 세상과 소통하는 법을 배운 덕분이다. 하루가 다르게 시시각각 변하는 최첨단 시대에서 불편함 없이 사는 것 같지만, 세상이 빠르게 변하는 것만큼 우리의 뇌가 따라가지 못하고 있다.

그리고 다양한 사람과의 관계 속에서 벌어지는 다양한 일로 스트레스받고 서서히 노화를 촉진하게 된다.

많은 중년이 재능을 발휘해 보지도 못한 채 살다가 세상을 떠난다. 자신감 결여로 재능을 찾아 내려는 시도조차 하지 않는다. 특히 여성의 경우 잠재력조차도 개발해 보지 못한 채 살아가는 경우가 허다하다. 가장 뛰어난 중년의 뇌를 써 먹자.

당당한 태도,
긍정적인 말

죽을 때까지 가장 중요한 관계는
바로 당신 자신과의 관계다.

피터 맥윌리엄스

감정을 억누르거나 쌓아 두면 마음에 황무지를 만들어 버린다. 우리 세대는 어릴 적부터 감정을 억누르는 법만 배워 왔기 때문에, 거절하는 말을 잘하지 못한다. 하지만 '아니오'라는 말을 제때 하지 못하면 최악의 상황을 맞이할 수 있다.

우리는 좋은 걸 선택할 수 있고 내게 해를 입히는 것도 거절할 수 있다. 사람들은 거절을 어려워한다. 하지만 거절할 수 있다는 걸 알면 마음이 편안해진다.

50대에 접어들었다면, 감정을 표현하기보다 감정을 참는 법을 먼저 배웠을 것이다. 살다 보면 가슴에 남는 말을 듣게 될 때가 있다. 하지만 제때 말을 하지 못하면 고통받게 된다. 우리나라 속담에 '오는 말이 고와야 가는 말이 곱다'라는 말이 있다.

우리는 타인에게 좋은 걸 받으면 그에게 뭔가 갚아야 한다고 생각한다. 마찬가지로, 나쁜 말을 들으면 되돌려 줘야 한다. "그런 말씀은 기분 나쁘네요", "저에 대해 함부로 말하지 마세요" 등으로 반박해야 한다. 당하고만 있어선 안 된다. 묵묵히 견디고만 있으면 점점 더 심한 말을 듣게 된다.

좋은 사람들은 어떤 이에게도 말을 함부로 하지 않는다. 멋진 사람들은 멋진 말을 하고 웃는 얼굴을 하며 열심히 산다. 자신을 존중한다면 더 이상 참지 말고 함부로 하지 못하게 해야 한다.

자신 없어도 자신 있는 척하자. 유명한 강사들이 많은 사람 앞에서 떨지 않고 당당하게 말하는 것 같아도 절대 그렇지 않다. 대부분의 강사가 사람들 앞에서 이야기할 때마다 긴장한다. 아무리 자신 없어도 자신만만하게 행동하면 자신감이 생기는 것이다.

자신 있게 말하는 횟수를 늘려가다 보면 점점 더 잘하게 된다. 자연스레 자신감이 생긴다. 유명한 강사가 자신 없이 강연한다고 생각해 보자. 누가 그의 강연을 듣고 싶어 하겠는가? 자신 있어 보이면 되는 것이다.

말도 마찬가지다. 자신 없어 보이는 사람의 이야기를 듣고 싶어할 사람은 없다. 말을 잘하라는 게 아니라 자신 있어 보이면 된다. 또랑또랑한 목소리로 웃고 즐기며 자신만만한 태도를 보여라.

말은 메아리와 같다. 말을 하면 그 말이 부정적이든 긍정적이든 결국 내게 다시 돌아온다. 다시 내게 돌아오는 것이라면 긍정적으로 말하자.

만약 아직까지 행복하지 못하다는 생각이 들면 좋지 않은 말을 하고 있는 건 아닌지 들여다봐야 한다. 항상 좋은 말만 한다고 생각된다면, 친구들이나 가족들에게 자신이 말할 때 몰래 녹음을 해 달라고 해도 좋고 유튜브로 영상을 찍어 달라고 해도 좋다. 나중에 보면 분명히 놀랄 것이다.

지인 중에 말을 투박하게 하는 50대 중반의 여성이 있다. 동창회에 가거나 오랜만에 만난 친구들이 그녀의 말투에 깜짝 놀라며 "예전엔 안 그랬는데 말투가 너무 거칠어 졌다"고 했다는데, 어떻게 해야할지 몰라 당황했다며 말투를 고치고 싶어 했다.

그래서 남편과 아들에게 영상을 몰래 찍게끔 부탁하라고 했는데 나중에 영상을 보고 깜짝 놀랐다며 말투를 고치기 시작했다.

당신도 어쩌면 그녀처럼 부정적인 말을 많이 하고 있는지도 모른다. 그 사실을 깨달았으면 이제부터 약한 소리를 하거나 부정적인 말을 할 때 알아차려야 한다.

"짜증 나", "나는 못해", "나는 나이가 많아", "모든 게 당신 때문이야"라는 말 대신 "즐거워", "행복해", "나는 운이 좋아", "멋져", "고마워"로 바꾸면 주위 사람들의 태도 또한 좋은 방향으로 바뀔 것이다.

평소에 부정적인 말을 자주 했다면, 그 습관을 단번에 바꾸긴 쉽지 않다. 조금씩 긍정적인 말로 바꾸는 연습을 하고, 수시로 거울을 보며 표정 또한 잘 관찰해 웃는 얼굴로 바꿔 보자.

긍정적인 말은 듣는 사람은 물론 말하는 자신까지 밝고 행복한 기분을 느끼게 한다. 긍정적인 말은 반드시 내게 메아리가 되어 돌아와 행복한 삶을 선물로 준다.

긍정적인 걸
찾고자 노력하라

삶이 어디로 어떻게 가고 있는지 나 자신에게 물어보자. 내가 살고자 했던 삶이 맞는지, 그냥 물 흐르듯 살고 있는지 삶을 돌아보자. 내 삶의 영원한 연인은 나다. 남편도, 아이도, 시어머니도 아니다.

지금까지의 삶이 내 삶의 전부라고 착각하지 마라. 내 마음은 세상에서 가장 행복하며 무엇이든 될 수 있는 축복의 공간이다. 지금의 내 세상은 지금까지 내가 말하고 생각한 대로 이뤄진 세상이다. 나 자신을 관망하며 운에만 맡긴 결과이다.

50대 이후엔 나 자신을 오롯이 느끼며, 내면에서 무슨 일이 일어나는지 알아차려야 한다. 내 감정에 어떻게 반응하는지 알아야 하고 나의 신념이 무엇인지 찾아야 한다.

내 습관이나 행동 패턴을 찾고 새롭게 만드는 건 어떤 식으로든 내게 도움이 된다. 우리는 인생을 살아오면서 제대로 통제하는 법을 배우지 못했다. 그래서 나도 모르게 부정적인 패턴이 형성되는 경우가 있다. 남편이나 아이들의 행동에 갑자기 화가 나고 섭섭한 기분이 들 때 이렇게 자문해 보라.

'왜 이렇게 섭섭한 기분이 들지?'
'나는 왜 계속 화가 나는 거지?'
'나는 왜 상황을 회피하려고만 하는 걸까?'

지금까지 나의 패턴을 알 수 있다. 패턴을 깨달으면 놀랍게도 아주 사소한 계기로 습관을 버릴 수 있다.

우리는 청소년기의 불안한 사춘기를 통해 정체성을 찾고 삶의 이정표를 세워 청년기와 장년기를 살아왔다.

50대의 갱년기를 통해 정체성을 새롭게 점검하고 행복하고 아름다운 중년기를 살아가도록 하자.

갱년기는 새로운 삶의 단계로 향하는 중요한 변화의 시기이다. 이 시기를 슬기롭게 대처해 신체적·정신적으로 생애 최고의 시간을 보내야 한다. 내겐 결코 오지 않을 것 같던 갱년기를 맞이하고서 내 삶의 연인이 나 자신이라는 걸 깨달았다.

"사람을 감동시키는 건 재능이 아니라 가치를 향한 태도"라고 헨리 데이비드 소로가 일찍이 말했다. 아무리 남루하고 하찮게 보여도 똑바로 마주하고 살아야 한다고 강조한 소로는, 자신을 사랑하는 게 가장 당당하고 아름다운 삶이라고 격려한다.

사람을 대할 때
정성을 다한다

우리가 할 수 있기 전에 배워야 하는 일들을
우리는 하면서 배운다.

아리스토텔레스

달라이 라마는 《달라이 라마의 행복론》에서 "유연한 마음은 부드러움에서 옵니다. 부드럽다는 건 열려 있다는 뜻입니다. 눈이, 생각이, 마음이 열려 있으면 보는 시각도 바뀝니다. 시각을 바꾼다는 건 보는 방향을 바꾸는 것입니다. 자기 자리에서 남의 자리로 옮겨 보는 것이고, 자기 눈으로가 아닌 타인의 눈으로 세상을 바라보는 것입니다"라고 말하며 유연함의 중요성을 이야기했다.

내 영혼이 가장 행복을 느낄 땐 배울 때와 누군가에게 기쁨을 줄 때다. 미시간대 연구진은 노인 부부 423명을 대상으로 남을 돕는 습관과 수명 사이에 어떤 관계가 있는지 지켜봤다. 여기서 돕는 일이란 거창한 게 아니라 친구, 이웃, 가족들의 집안일을 돕고 시장을 보고 심부름을 하는 등 일상의 소소한 일들이었다.

5년의 조사 기간 동안 134명이 숨졌다. 숨진 노인들은 대부분 남을 돕는 데 인색했다. 평소 타인을 잘 도와 주지 않고 배려하지 않는 노인의 사망률은, 잘 도와 주고 배려하는 노인보다 두 배 이상 높았다. 남들로부터 도움만 받고 자신만 챙기는 이기적인 노인들의 건강이 더 좋지 않았던 것이다.

《크리스마스 캐럴》의 스크루지 영감은 평생 돈만을 위해 살았다. 자신의 돈이 낭비되는 걸 싫어했고, 크리스마스에 돈 쓰는 걸 싫어했고, 소외된 사람들을 돕지 않았다. 직원에게 임금을 적게 주며 부를 축척했다. 심술궂은 말을 거침없이 내뱉고, 늘 자기 안에 갇혀 고독하게 지냈다. 누구든 그를 불편하게 여겨 먼저 말을 거는 사람이 없었다.

어느 크리스마스에 오랫동안 동업하다가 죽은 밀리의 유령이 나타나선, 선행을 베풀지 못하고 죽은 걸 후회한다고 말했다. 그는 스크루지에게 마지막 기회라며, 세 유령이 찾아올 거라고 전하곤 사라졌다.

다음 날 12시에 종이 울리고 첫 번째 유령이 나타나 스크루지의 과거를 보여 준다. 과거의 자신을 지켜보던 스크루지는 사무실에서 일하는 서기에게 미안함을 느낀다. 돈과 사랑에 빠진 자신을 이해하지 못하고 떠난 여인을 끝으로 과거의 여행을 마친다.

두 번째 유령이 찾아오고 서기인 밥 크래칫의 집을 찾아간다. 스크루지는 밥에게 임금을 적게 줬다. 밥의 아이들 중 팀이 병에 걸려 쇠약해진 상태였다. 밥은 사랑하는 아이를 잃고 싶지 않아 두렵다는 듯 아이의 야윈 손을 꼭 잡았다. 스크루지는 팀이 어떻게 될 것인지 유령에게 물었다. 스크루지는 유령이 일전에 자신이 했던 말을 그대로 되풀이하는 걸 듣고 비탄에 빠진다.

"어차피 죽을 거라면 차라리 하루라도 빨리 죽어서 잉여 인구나 줄이는 편이 낫지 않겠나."

그리고 마지막 세 번째 유령이 나타나 앞으로 일어날 일의 환영을 보여 준다. 스크루지는 자신의 장례식장에서 청소부와 세탁부 그리고 장의사가 자신의 집에서 돈이 될 만한 걸 훔치며 자랑하는 모습을 보며 크게 뉘우친다.

자신의 묘비에 도착한 스크루지는 너무 놀라 엎드린 채 애원하며 자다가 놀라 꿈에서 깨어 밖으로 나간다.

그는 칠면조를 사서 밥의 집으로 보내고 사무실로 찾아온 두 사람에게 사과하며 큰돈을 기부한다. 그리고 조카 집에서 행복한 크리스마스를 보낸다. 봉급도 올려 주고 고생하는 가족들도 최대한 도우며, 이후로도 계속 좋은 일을 한다. 결국 좋은 사람으로 널리 알려진다. 스크루지는 말한다.

"신이여, 우리 모두에게 축복을 내리소서!"

스크루지는 유령과 함께 과거로 돌아가 작은 것에도 고마움을 느꼈던 자신의 모습을 봤다. 현재의 유령과 몰랐던 이웃들의 고충, 그들에게 했던 일들을 반성하고 고민하기 시작했다. 그리고 미래의 유령과 함께 자신의 죽음이 남들에게 기쁨을 주는 걸 보고 반성해, 베푸는 사람이 된다.

베풀며
살아가고 있는가

문득 나는 스크루지처럼 살고 있지 않은가 하는 생각이 들었다. 과거를 돌아보고, 지금의 나와 다른 삶을 살고 있는 사람들을 둘러보고, 배려하며 살고 있는지 살펴야 한다. 자신의 모습에 만족감과 자부심을 느끼고 있는지 아니면 혐오를 느끼고 있는지 알아야 한다.

남한테 받기만 하는 사람들일수록 더 화를 내고 외톨이로 지낸다. 남에게 주기만 하면 물질적으로 손해 보는 것 같지만, 사실은 득을 보는 것임을 알아야 한다.

철학자 세네카는 말했다.

"사람은 대부분 자신의 운명을 스스로 만들고 있다. 운명은 바깥에서 오는 것 같지만 알고 보면 자기 자신의 약한 마음, 게으른 마음, 성급한 버릇 따위가 운명을 만든다. 어진 마음, 부지런한 습성, 남을 돕는 마음이야말로 좋은 운명을 여는 열쇠다. 운명은 용기 있는 사람에겐 약하고 비겁한 사람에겐 강하다."

사람을 대할 땐 정성을 다해야 한다. 어떤 사람이 인생이나 직장에서 성공했는지를 알고 싶으면, 그와 가장 가까운 가족과 친구들 그리고 동료들과의 관계를 재어 보는 게 가장 쉬운 방법이다.

인간관계에서 실패한 사람은, 제아무리 소유한 게 많아도 최고의 위치에 올라갔더라도 결국 아무것도 성취할 수 없다. 중요한 것일수록 단순하다. 삶의 기본을 지키는 일들이다.

대부분의 사람이 중요하다고 생각하며 타인에겐 말하고 다니면서도, 정작 자신의 삶에선 실천하지 않는다. 메리 케이는 말한다.

"이익은 결코 더러운 단어가 아니다. 하지만 그게 유일한 우선순위가 되어선 안 된다."

책을 읽으며, 내가 생각하는 나와 실제의 내가 다르고 대부분의 사람도 그럴 거라는 걸 깨달았다.

일상을 다시 한 번 돌아보면, 주변 사람들의 약점을 은근히 농담 삼아 비웃거나 시시껄렁한 이야기를 화제로 삼는다는 걸 알 수 있다.

가정과 회사에서 새로운 문화를 만들어야 한다. 좋은 점을 칭찬하고, 지속적으로 관심을 보이고, 생일까지 챙겨 주며 축복해 준다면 놀라운 일이 벌어질 것이다.

하루하루가 너무 쉽게 지나간다. 오늘도 어제와 별반 다르지 않고 내일도 오늘처럼 덧없이 지나간다고 생각하면, 그저 절망스럽기만 하다. 나를 옭아매는 사슬을 끊고 박차고 나가야 한다. 어떤 소설가는 '절망은 존재의 끝이 아니라 희망의 시작'이라고 말했다.

인생 후반, 적극적이고 진취적인 사고방식을 기르며 인간관계 능력을 배울 때다. 세상을 탓하고 한숨을 내쉬기 전에 무엇을 할 것인지, 무엇을 할 수 있는지 생각해 봐야 할 시간이다.

나답게 살기 위해
나만 할 수 있는 것들

자신을 사랑하는 일을 잘하게 되면
어느새 타인을 사랑할 줄 알게 된다.
나를 위해 사랑을 베풀고 배려하면서
타인을 위해서도 넉넉해질 줄 알게 된다.

웨인 다이어

사람들마다 삶은 천차만별이다. 서로 다른 표정과 마음가짐으로 저마다의 삶의 질곡이 고스란히 묻어나는 일상을 살아간다. 그러나 대부분의 경우, 인생을 즐기고 사랑하기보다 자신만의 아집으로 튼튼한 틀을 만들어 무기력과 독선으로 힘들게 살아간다.

많은 사람이 인생이 주는 귀중한 선물을 알지 못한 채 살아간다. 지금 이 자리에 있게 된 게 얼마나 기적인지 깨닫지 못하고 그저 운명만 탓하며 살아간다.

현재 자신이 처한 고통과 어려움을 어린 시절의 경험이라고 생각하며 살아간다. 부모님을 원망하고 가난을 원망하고 할 수 있는 것보다 할 수 없는 것들을 한탄하며, 시간을 낭비하고 있다.

어릴 때 보고 듣고 배운 것들이 개인의 청사진을 형성하기 마련이다. 이런 영향력들이 자기 패배적인 사고방식과 습관으로 이어진다.

어린 시절의 가난과 남편과의 갈등이 기폭제가 되어 나는 '참자아'의 필요성을 느꼈고, 영혼 깊숙한 곳으로 데려다준 카타르시스를 느낄 수 있었다. 덕분에 내가 배운 걸 많은 사람과 공유할 수 있었다.

《평범한 사람도 특별하게 만드는 독서의 기적》과 《우리는 책 읽는 가족입니다》를 출간하고 독자로부터 감사의 말을 많이 받았다.

다음은 한 독자가 올린 서평이다.

"삶이 가끔 힘들고 지칠 때 멍하게 있고 누워서 잠을 청한다 한들 그 순간의 힘듦은 해결될지 몰라도 큰 문제는 해결되지 않더라구요. 정미숙 작가님이 독서를 통해 잃어버렸던 본인을 되찾게 되었고 인생을 바꿀 수 있었다고 하는 것처럼, 저도 책을 꾸준히 읽어 저를 찾는 과정에 동참해 보고 싶고 나아가 행복한 삶을 살고 싶은 생각이 들었어요. 물론 지금 독서를 시작해도 당장에 바뀌는 게 없겠지만 오늘과 내일의 독서 경험이 계속해서 쌓인다면 미래에 저 자신이 변하고 행복한 인생을 살고 있을 것 같더군요.

사실 반복되는 일상 속 삶의 의미를 찾지 못하고 지루한 삶을 계속해서 살아야 될 수도 있어요. 나의 삶을 변화시키기 위해선 독서라는 노력이 가미되어야 하고 항상 책과 함께 해야 한다는 것을 알려주고 있어요.

하지만 책을 읽는다고만 해서 누구나 성공하고 행복한 삶을 살 수 있을까요? 저는 실천과 행동이 뒷받침이 되어야 한다고 생각해요. 책에선 이미 성공하신 분들의 노하우를 적어 놓았기 때문에 읽음으로서 시행착오 없이 어떤 일이든 시작할 수 있는 것이죠.

평범했던 작가님이 실제로 독서를 꾸준히 함으로써 변화할 수 있었던 것처럼, 저도 책을 읽고 희망을 느낄 수 있었어요. 평범했던 작가님도 꾸준한 독서로 이뤘는데 나라고 못할까란 생각도 들었구요. 평범한 사람도 성공할 수 있는 사회잖아요. 물론 피나는 노력이 뒤따라야 하겠지만요.

가만히 있으면 인생이 바뀌지 않잖아요. 무엇이라도 해야 인생이 바뀌는 것처럼 살아가는 동안 꾸준한 독서와 실천으로 성공하는 삶의 초석을 쌓아야겠다고 생각할 수 있었습니다.”

내가 살아온 기적이 누군가에겐 살아갈 기적이 된다.

50대 이후 다른 삶을 살고 싶다면, 자신의 타고난 장점과 특성을 믿어라. 그 장점과 특성을 살려 그동안 미뤘던 꿈을 다시 찾아가라.

실패가 두려워 행동하지 않는 사람이 많다. 아마도 실패한 경험 때문에 그럴 것이다. 하지만 실패를 개선하지 않고 끝내면 실패는 그대로 남아 있게 된다.

삶은 실패로부터 배운다. 한번에 성공하는 일은 거의 없다. 문제를 개선시키고 발전시킬 뿐이다. 실패란 과정에 지나지 않는다.

성공은 실패의 반대말이 아니다. 실패와 성장을 반복하면서 발전시켜나갈 때 그 끝에 비로소 성공이 있는 것이다. 무슨 일이든 처음부터 쉽게 해내는 사람은 없다. 몇 번이고 도전한 끝에 겨우 성공하는 것이다.

마음이 가는 곳에 노력이 따르고, 결과 또한 노력을 따른다. 원하는 자리에 자동으로 오르는 사람은 없다. 끊임없는 시련을 극복해야 한다. 오늘도 어제처럼 혼란스러운 삶에 압도된 채 마음을 잡지 못하고 있다면, 더 열망하고 더 노력하라.

살아갈수록
나다워지는 기적

인생 후반 '나'답게 살기 위해선 생각의 힘을 바꿔라. 생각의 힘이 결과를 만든다. 마음의 열망을 좇아 이끌리는 삶을 살아라. 마음이 가는 곳에 노력이 따르고 결과 또한 노력을 따른다.

나 또한 늘 불만과 불평, 비난으로 인생이 주는 귀중한 선물을 알지 못한 채 살아왔다. 가장 중요한 나 자신과의 관계에 있어서도 마찬가지였다. 누구나 자기 자신의 성격 또는 습관이 마음에 들지 않을 수 있다. 그렇더라도 있는 그대로의 자신을 사랑하고 자신의 시간과 에너지를 장점으로 키우는 데 집중하면 행복한 인생 후반을 살아갈 수 있다. 그리고 나와 타인, 나아가 세상을 이해하는 힘을 알게 되면 하루하루 행복한 삶을 살 수 있는 기적이 일어난다.

사람의 장단점이란 사회적인 물의를 일으키는 일 말고는 가치관이나 스타일의 차이일 경우가 대부분이다. 그럴 경우 그만의 개성이나 매력으로 인정하고 평가해 주는 넉넉한 마음을 가져야 한다.

인생 후반, 행복하기 위해선 내면의 욕구를 무시하거나 억눌러선 안 된다. 이제부터 당신은 살아갈수록 더 당신다워져야 한다. 행복하기 위해 당신다움에서 장점만 챙기고 단점만 쏙 빼놓는 건 불가능하다. 사람은 장점과 단점을 모두 가지고 있다.

강함과 약함 또한 함께 존재한다. 강하다고 판명된 모습은 성공과 행복을 부르고, 약한 모습은 실패와 불행을 부른다. 어떤 사람은 화술에 능하기도 하고 또 어떤 사람은 인내심이 부족해 꾸준히 해내는 일이 없지만, 스스로 즐겁고 재밌어 하는 일엔 짧은 시간에도 성과를 만들어 낼 수 있다.

인생 후반 나답게 살기 위해선 가장 강한 내 모습을 찾아 활용하려는 노력이 필요하다. 당신도 이제 당당하게 당신 운명의 주인으로서 타인을 부러워하거나 비난하는 데에서 벗어나라.

부정적인 사람이나 환경에서 긍정적인 자세를 고수하기란 쉬운 일이 아니다. 하지만 의심과 비난이 가득한 사람들 사이에서도 신념을 지킬 수 있다면 당신의 인생에도 기적이 찾아올 것이다.

당신 안의 가장 강한 모습이 어떤 것인지 알면, 당신의 주인이 되어 불가능해 보였던 것들을 하나씩 이룰 수 있다. 대부분의 사람은 안정적인 생활에 가장 큰 가치를 두기 때문에 정작 인생의 다른 즐거움들을 놓쳐 버리는 우를 범한다. 이 세상엔 목숨 걸고 하고 싶은 일에 뛰어드는 사람들이 수없이 많다. 스스로 부여하는 가치와 의미 이외엔 아무런 의미가 없다.

당신은 엄마가 되면서 많은 걸 포기하며 살아왔을지도 모른다. 하지만 이제 온전한 당신의 인생이 주어졌다. 당신의 시간, 당신의 건강, 당신의 외모 등 자신을 잃어가는 삶 속에서 다양한 걸 시도하고 자기 자신을 찾기 위해 끊임없이 노력하라.

사람들은 몸이 늙으면 마음도 늙었다고 생각해 새로운 걸 거부하는 경향이 있다. 나이는 한낱 숫자에 불과하다.

지금까지의 삶에서 벗어나, 당신 앞을 가로막는 게 충분히 극복할 수 있는 문제들인데도 억지로 숨기고 해결을 미뤄 당신을 방해하도록 내버려 둔 건 아닌지 살펴보라.

과거에 주입된 프로그램이 아니라 현재를 기준으로 진정한 자신의 삶을 선택하라.

두려움에 갇힌 자아에서 벗어나 당신이 되고 싶은 모습을 향해 운명처럼 충실하게 개척해 나갈 수 있다.

두려움에서 벗어나 용기를 갖고, 사랑과 행복을 선택하고, 세상에 더 많은 희망의 빛을 내는 게 인생 후반 당신의 몫이다.

잠재력을 발휘하고 삶에 성공과 행복을 더하기 위해 성장하는 게 당신이 해야 할 일이다. 그런 노력으로 타인을 돕고 세상에 선한 영향력을 준다면, 당신의 삶도 누군가에게 살아갈 기적이 될 것이다.

가치관을 바꾸기 위한
5가지 방법

- 정확한 사고력으로 인생 후반을 지혜롭게 살 수 있다.

- 인생은 평생 배움의 길이라는 걸 명심해야 한다.

- 자신감 있는 태도와 긍정적인 말로 나를 가꾸자.

- 사람을 대할 때 정성을 다하는 건, 인생의 기본이다.

- 내 삶이 누군가에게 살아갈 기적이 될 수 있다.

오십,
삶이 더 깊어지는 시간

잠이 오지 않는 밤, 고독 속에서 나는 붙잡았다. 책을 읽으며 살아온 인생이 천천히 떠오르기 시작했다. '내게 일과 삶이 어떤 의미인가'에 대해 다시 생각해 볼 시간을 가졌다.

쉼 없이 열심히 살면서 갱년기와 우울증까지 온 건, 슈퍼우먼처럼 모든 걸 완벽하게 해내야 한다고 생각했기 때문이다.

어느 순간부터 하나씩 포기하니 숨통이 트였다. 일에서 100점, 엄마로서 100점, 며느리로서 100점, 딸로서 100점, 모든 걸 완벽하게 하려는 마음이 나를 힘들게 한 것이다. 우리는 슈퍼우먼이 될 수 없다.

나는 일에서 50점, 50점 아내, 50점 엄마, 50점 며느리, 50점 딸이 되기로 했다. 내가 진정으로 원하는 삶에 집중하기로 했다.

20대와 50대는 공통점이 많다. 무엇을 해야 할지 고민하는 때다. 20대는 "앞으로 뭘 해야 희망과 전망이 있을까"를 고민하고, 50대는 "은퇴 후 뭘 하며 어떻게 살아야 할까"를 고민한다.

오십에는 세상이 만든 쓸데없는 가치에 얽매이지 말고 자신만의 가치를 찾아야 한다. 삶은 특별한 대본이 필요하지 않다. 세상이 빠르게 변하는 만큼 나를 빠르게 변화·성장시켜야 진정 행복한 삶을 살 수 있다. 내가 정말 하고 싶은 걸, 누구도 신경 쓰지 말고 지금 바로 행동으로 옮기는 게 최선의 삶을 사는 것이다.

누구나 생로병사를 겪는다. 갱년기나 폐경은 노화의 표식이 아니라, 많은 걸 누릴 수 있는 나이에 이르렀다는 표식이다.

젊은 사람들을 부러워할 필요는 없다. 누군가는 젊은 시절을 그리워하며 돌아가고 싶겠지만, 누군가는 돌아가고 싶어 하지 않는다. 나역시 돌아가고 싶지 않다. 경쟁하며 아등바등 살고 싶지 않다.

이제야 비로소 나만의 인생을 제대로 살 수 있는 시간을 보내고 있다. 지나간 시간을 회상하기보다 앞으로의 시간에 집중하고 미래를 준비하고 대비하는 게 더 현명하다.

오십은 노화가 아니라 삶이 더 깊어지는 시간이다. 운명을 바꿀 수 있는 최고의 시기이다. 20년 전 오늘 먹은 아침 메뉴가 무엇인지 기억할 수 없지만, 몸 안에서 에너지원이 되어 성장의 든든한 자양분이 되었다. 지금까지 살아온 인생을 잊어버릴지라도 뇌 어딘가에 경험으로 저장되어 인생을 풍부하게 하는 밑거름이 되었다.

오십부터는
아름다운 성당을 짓자

내 삶의 전부라고 생각했던 일과 가정에서 모두 실패했다고 생각했었다. 최선을 다해 살았다고 생각했지만, 눈을 떠 보니 사랑받는 좋은 아내도 좋은 엄마도 아니었다.

먹고살기 위해 매일 반복해야 하는 일로 우울증까지 찾아왔다. 재밌는 영화를 봐도 맛있는 음식을 먹어도 주말에 늘어져라 잠을 자도 친구들과 마음껏 수다를 떨어도, 기쁘지 않았다.

어느 무더운 여름날 사람들이 벽돌을 쌓고 있었다. 지나가던 사람이 무슨 일을 하느냐고 물었다.

첫 번째 사람은 벽돌을 쌓고 있다고 대답했다. 두 번째 사람은 돈을 벌고 있다고 대답했다. 세 번째 사람은 미소 띤 얼굴로 대답했다.

"저는 지금 아름다운 성당을 짓고 있답니다."

나는 사는 의미도 모른 채 그저 벽돌만 쌓고 있는 건 아닌지, 그저 돈을 벌고만 있는 건지, 아름다운 성당을 짓고 있는 건지 생각하기 시작했다. 지금까지 열심히 벽돌을 쌓고 돈을 벌었다면, 오십부터는 아름다운 성당을 지을 때라고 말하고 싶다.

아무리 괴로운 상황일지라도 어차피 해결해 가야 할 삶의 몫이라면 더 이상 미루지 말고 바로 지금, 내가 있는 곳에서 나만의 아름다운 성당을 짓자.

백향과 한잔으로 하루를 시작한다. 불과 몇 년 전까지만 해도, 묵직한 일들이 나를 흔들어 깨웠다.

20대에는 꿈을 이루기 위해 질주만 했고, 30대에는 남편과 육아와의 전쟁으로 보냈다. 나를 돌아볼 여유가 없었다.

겨우 40대에 이르러 나를 돌아보니, '나'는 없고 무기력과 두려움으로 가득한 '나'만 있었다.

이제 아이들은 다 컸고 여유가 생겼고 할 수 있는 일들이 생겼다. 하고 싶은 일을 마음껏 할 수 있는 세상이 되었다.

욕심을 버리니 여유가 생겼고 세상은 나를 향해 두 팔을 벌리고 있었다.

10대 때 꿈꿨던 작가의 꿈을 이뤘다.

하얀 도화지 위에 그림을 그리니 온 세상 풍경과 꽃이 소재가 된다. 세상 모든 게 내 행복의 재료가 된다. 꿈, 열정, 성장을 나이 오십에 만나 내 인생에서 가장 아름다운 꽃을 피우고 있는 중이다.

인생은 자신만의 아름다운 성당을 짓는 여정일 것이다.

나는 나만의 아름다운 성당을 짓는 중이다. 살아오면서 깨달은 것, 책을 읽고 얻은 걸 나누는 중이다.

지금 어느 때보다 즐겁고 행복하다.

이 행복을 우리 50대들과 함께하길 간절히 바란다.

인생 후반전을 주체적으로 살기 위한 to do list

성장하는 오십은 늙지 않는다

© 정미숙 2021

1판 1쇄 2021년 6월 10일
1판 2쇄 2021년 7월 12일

지은이 정미숙
펴낸이 유경민 노종한
기획편집 유노북스 이현정 함초원 **유노라이프** 박지혜 **유노책주** 김세민
기획마케팅 1팀 우현권 **2팀** 정세림 유현재 정혜윤 김승혜
디자인 남다희 홍진기
기획관리 차은영
펴낸곳 유노콘텐츠그룹 주식회사
법인등록번호 110111-8138128
주소 서울시 마포구 월드컵로20길 5, 4층
전화 02-323-7763 **팩스** 02-323-7764 **이메일** info@uknowbooks.com

ISBN 979-11-90826-59-4 (03190)